추천사

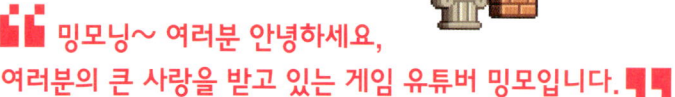

**밍모닝~ 여러분 안녕하세요,
여러분의 큰 사랑을 받고 있는 게임 유튜버 밍모입니다.**

여러분의 꿈은 무엇인가요?
언젠가 초등학생의 꿈과 관련해서 이런 기사를 본 적이 있어요.
운동선수, 의사, 교사, 크리에이터란 직업이 가장 인기가 많은 직업으로 나와
있었는데, 그 이유로 '내가 좋아하는 일이라서', '내가 잘 해 낼 수 있을 것

같아서', '돈을 많이 벌 수 있을 것 같아서'라고 대답한
초등학생이 응답자의 절반을 넘었죠.
그 기사를 보며 저는 많은 생각을 했답니다.
내가 좋아하고, 잘 해 내고, 또 돈도 잘 벌 수 있는 직업을 가지는 것이
무척이나 어렵지만, 또 얼마나 필요한 고민인지에 대해서 말이죠.
그런 점에서 저 밍모는 좋아하고, 잘 해 낼 수 있는 꿈만과도 같은 일을 하고
있으니 참 축복받은 사람이라고 생각합니다.
물론, 여러분에게 꿈이란 건 먼 이야기처럼 느껴질 수도 있어요.
그렇다고 꿈이 없다고 걱정하거나 고민할 필요는 없지요.
**하지만 내가 무엇을 좋아하고, 잘하는지, 또 나는 어떤 성향인지
나에 대해 알아가는 건 정말 중요해요.**

〈미래소년 밍모〉의 주인공은 친구들과 좋아하는 게임을 하는 것을 가장
좋아하는 친구예요.
좋아하는 건 확실히 알지만, 꿈이 무엇인지는 생각해 본 적이 없지요.
그러다 학교에서 실시한 적성검사의 결과를 보고, '나의 꿈은 뭘까?'라는

심각한 고민에 빠지게 되죠. 그때, 신기한 일이 일어납니다.
게임 캐릭터 '피니'가 등장해 나의 미래 모습을 볼 수
있는 게임에 밍모를 초대한 거예요. 그때부터 게임 세계
속 밍모의 신나는 모험이 시작됩니다. 밍모가 미션을 풀어가는 과정 속에
검객, 복서, 장군, 해군제독 등 저마다의 역할을 지닌 인물들이 등장해 밍모에게
도움을 주기도 하고, 이야기의 전환점을 만들어 내기도 하지요.

여러분은 밍모와 모험을 함께하며 자연스럽게
다양한 직업을 만나게 될 거예요.
〈밍모의 직업 소환 미션〉 콘텐츠를 통해 직업의 정보와 함께
나의 성향도 체크하며 나에게 맞는 직업인지 알아볼 수도 있지요.

이 책을 통해 여러분이 내가 좋아하는 것을 알고,
나의 성향을 파악할 수 있을 거라 기대해요.
더 나아가 좋아하는 것을 더 잘할 수
있도록 차근차근 노력할
수 있는 동력도 생길
거예요. 그렇게 된다면,
여러분은 미래에 좋은
기회가 찾아올 때, 절대
놓치지 않을 겁니다!

자, 이제
밍모와 함께
신나는 모험을 하며
내가 좋아하는 게
무엇인지도 생각해
보자고요~.

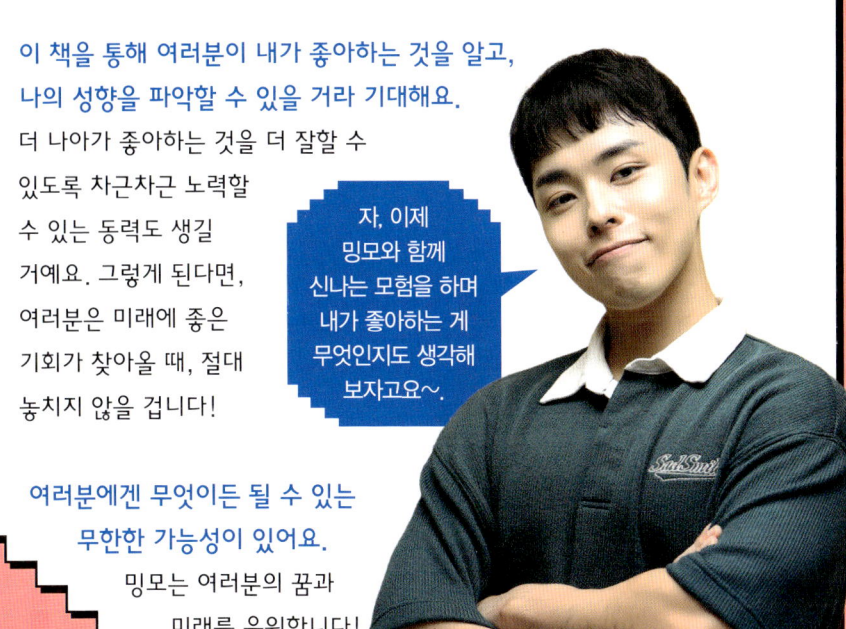

여러분에겐 무엇이든 될 수 있는
무한한 가능성이 있어요.
밍모는 여러분의 꿈과
미래를 응원합니다!

등장인물

지난 줄거리 ❝자신을 믿는다면, 어떤 상황이든 흔들리지 않아!❞

게임 세계 회장의 부탁으로, 이 세계를 지탱하는 세 가지 힘을 되찾고자 길을 나선 밍모. 첫 번째 '상상의 성'에서 보물을 찾아낸 뒤, 두 번째 '의지의 성'에 도착한다. 모래성의 주인인 조커가 이들을 맞이하며 두 번째 보물을 건 시합이 시작되지만, 한 발만 디뎌도 무너져 내리는 모래 계단 탓에 한 걸음도 나아가지 못하자, 밍모는 마법의 연필과 변신 카드를 활용해 기발한 작전을 펼치고, 가까스로 '의지의 성'을 빠져나온다. 그리고 사막 한가운데서, 뜻밖의 인물을 만나게 되는데…!

자신감 최고조 밍모

한번 게임을 시작하면 끝까지 해내고 마는 끈기의 소년. 게임 세계를 지키기 위해 수많은 상황과 위기에 직접 부딪히며 점차 자신감을 키워 간다.

알고 보니 능력자 피니

밍모의 조력자로, 걱정 많고 소심한 성격이었지만 점차 숨겨진 능력을 발휘하기 시작한다.

다시 나타난 **비지니스맨**

게임 세계 최고의 인기 스타이자 게임 세계 회장의 오른팔로 디디에 의해 사라졌으나, 갑자기 모습을 드러낸다.

AI 안내자 **히어로 비서**

밍모가 게임 세계를 지탱하는 힘을 찾을 수 있도록 필요한 정보를 제공하며, 가야할 길을 안내한다.

비밀의 **인형소녀**

마법 주문에 걸려 기억을 잃었지만, 위기의 순간마다 결정적인 힌트를 주곤 한다.

궤변의 행동가 **마녀**

디디의 부하로 잘못된 신념에 따라 게임 세계를 파괴하는 데 앞장선다.

차 례

선박건조기술자 / 선박전문설계사 / 해양경찰 / 건축목공기능사 / 목공예기능사
가구제작기능사 / 선장 / 항해사 / 해군 / 성악가 / 뮤지컬배우 / 보컬트레이너
직업 성격 유형   나에게 맞는 직업일까?

산업잠수사 / 스쿠버다이버 / 수중생물전문가 / 해양학연구원 / 해수환경기사
해양에너지기술자 / 성직자 / 신부 / 승려 / 아이돌 / 매니지먼트 / 퍼포먼스트레이너
직업 성격 유형   나에게 맞는 직업일까?

물류관리사 / 물류정보관리사 / 유통관리사 / 로봇연구원 / 로봇공학기술자
로봇윤리학자 / 인공지능전문가 / 감성인식기술전문가 / 머신러닝엔지니어
국가직경호관 / 민간경호원청원경찰

직업 성격 유형 나에게 맞는 **직업**일까?

직업적 성격 유형 활용법

다양한 직업을 탐색, 분류하는 데 가장 보편적으로 활용되는 존 홀랜드의 이론인
직업적 성격 유형 6가지(현실형, 탐구형, 예술형, 사회형, 진취형, 관습형)를 바탕으로
직업에 필요한 특성을 알아보고, 나의 직업적 성향을 체크해 볼 수 있어요.

직업 성격 유형 (탐구형(Ⅰ))

지적, 논리적이고
호기심이 많고 독립적인 유형

지적 호기심	신중함
분석적	집중력
독립적	합리적
수리 논리력	자기 성찰 능력

나에게 맞는 직업일까?

☑ 나와 가까운 항목을 체크해 보아요.

- [ ] 수학과 과학을 좋아해요.
- [ ] 아픈 친구들을 잘 도와줘요.
- [ ] 스스로의 생각과 감정을 조절할 수 있어요.
- [ ] 문제가 생겼을 때 자기 반성을 잘해요.
- [ ] 내 생각을 논리적으로 말할 수 있어요.
- [ ] 건강 관리에 관심이 많아요.

4개 이상이면 **탐구형 직업**과 가까워져요.

미션 1

돌아온
비지니스맨

모래폭풍이 잠잠해지자, 밍모와 피니의 눈앞에 비지니스맨이 완전히 모습을 드러냈어요. 초라한 행색에 피곤하고 지친 모습이었죠. 하지만 비지니스맨도 밍모를 발견하자 반가움에 눈을 번쩍 떴어요.

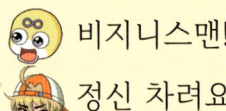 너, 너희들이 어떻게 여기에….

하지만 말을 끝마치기도 전에, 온몸의 힘이 빠져나간 듯 그 자리에 '풀썩' 쓰러지고 말았어요.

비지니스맨!

정신 차려요!

깜짝 놀란 밍모와 피니는 단숨에 비지니스맨 곁으로 달려갔어요!

밍모가 비지니스맨을 흔들어 깨웠습니다.

정신 좀 차려보세요! 대체 어떻게 된 거예요?

다행히 비지니스맨이 눈을 떴고, 천천히 몸을 일으켜 주위를
둘러보았어요. 그러고는 떨리는 목소리로 중얼거렸어요.

 디디에게 붙잡혔다가 간신히… 도망쳐 나왔다.

 도망쳤다고요?

 어떻게요?

 자세한 건 나중에 얘기해 주마. 지금은 좀 쉬고 싶구나.

 알았어요.

 우린 그 녀석에게 비지니스맨이 잡혀 있는 줄 알고 찾으러
　　가는 길이었어요.

그러자 비지니스맨은 공포에 질린 얼굴로 벌벌 떨었어요.

비지니스맨의 경고에 밍모의 눈빛이 흔들렸습니다. 피니가 그런 밍모의 눈치를 슬쩍 살피며 물었습니다.

어쩌지? 이쯤에서 포기해야 하나? 어찌 됐든 비지니스맨은 찾았으니까….

그러자 한참 동안 아무 말 없이 생각에 빠져 있던 밍모가 천천히 입을 떼며 낮은 목소리로 대답했습니다.

밍모는 비지니스맨에게 물었습니다.

세 번째 보물을 찾으려면 '정의의 성'에 가야 해요. 어디로 가면 되는지 길을 아세요?

그러자 비지니스맨은 안타까운 표정을 지으며 되물었습니다.

길이야 물론 알지. 하지만 정말 거길 꼭 가야겠니?

밍모는 굳은 표정으로 대답 대신 고개만 끄덕였습니다.

결국 비지니스맨은 할 수 없다는 얼굴로 '후유—' 하고 한숨을
한 번 길게 쉰 뒤 입을 뗐습니다.

알겠다. 길을 안내해 주지. 우선 나를 좀 일으켜 줄래?

물론이죠.

밍모는 힘없는 비지니스맨을 일으켜 세운 뒤 어깨로 부축했습니다.

이 길을 따라 한나절 정도 쭉 가면 돼.

밍모 일행은 비지니스맨이 가리킨 방향으로 걷기 시작했습니다.

그렇게 한참을 걸었지만…, 아무래도 쓰러지기 직전의 비지니스맨을 부축해서 함께 가려니 도무지 속도가 나지 않았습니다.

 이렇게 가다간 도착하기도 전에 다 같이 지쳐서 쓰러지겠어.

어느새 밍모의 이마에는 땀이 비 오듯 흘러내리고 있었어요.

어디 잠깐 쉴 데 없을까…?

으으으, 목이 너무 마르구나. 물이라도 좀 마셨으면….

나도 목말라….

밍모가 두리번거리며 주변을 둘러보고 있는데 갑자기 피니가 어딘가를 가리키며 반갑게 외쳤습니다.

저기 봐!
우물이야!

둥!

멀리 피니가 가리킨 곳에 조그마한 우물이 보였습니다.

피니는 신이 난 얼굴로 우물을 향해 폴짝폴짝 뛰어갔고, 밍모와 비지니스맨도 그 뒤를 따랐습니다.

우물가에 도착하자 가방 안에 들어 있던 인형소녀가 고개를 쏙 내밀었습니다.

 어디서 울음소리가 들리지 않아?

 어? 정말?

인형소녀의 말대로 가만히 귀를 기울여 보니, 누군가 울고 있는 소리가 작게 들려왔습니다.

훌쩍훌쩍—

 어디서 들리는 소리지?

설마 우물 속에 귀신이 있나?

피니가 움찔하며 겁먹은 표정이 되었어요. 밍모는 잔뜩 긴장한 채 살금살금 소리가 들리는 우물 뒤쪽으로 접근했어요. 그곳엔 초라한 차림의 소녀가 쪼그려 앉아 울고 있었습니다.

밍모는 소녀의 곁으로 천천히 다가갔습니다.

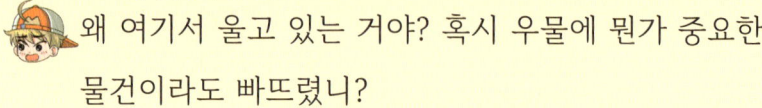 왜 여기서 울고 있는 거야? 혹시 우물에 뭔가 중요한
물건이라도 빠뜨렸니?

그러자 소녀는 눈물을 닦으며 고개를 들었습니다. 그리고는 슬픈
표정으로 울먹거리며 말했습니다.

그건 아니고…, 새어머니와 언니들이 해질녘까지 물을
한가득 길어 오라고 했는데…, 보다시피 물통이….

소녀가 내민 나무 물통을 보니 아래쪽에 커다란 구멍이 뻥 뚫려
있었습니다.

이게 뭐야?
구멍 난 물통으로
어떻게 물을 길어?

둑!

순간 밍모의 머릿속에 뭔가가 퍼뜩 떠올랐습니다.

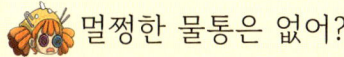

동시에 피니도 뭔가 깨달은 듯 외쳤어요.

아~, 알겠다! 동화에서 새어머니와 언니들에게 구박을 받는 그 소녀구나?

멀쩡한 물통은 없어?

인형소녀가 묻자 신데렐라라는 이름의 소녀는 조용히 고개만 가로저었습니다.

아까부터 이 주변을 다 돌아봤는데, 물을 길어 올릴 수 있을 만한 건 하나도 없어.

아아, 이제야 물 한 모금 마실 수 있을까 했는데….

비지니스맨은 실망한 표정으로 바닥에 힘없이 주저앉았습니다.

그때 밍모가 좋은 생각이 떠오른 듯 환하게 얼굴을 밝혔어요.

그러자 '펑—' 하고 멀쩡한 물통이 눈앞에 나타났습니다.

 역시 마법의 연필이 최고야!

 신기해라~!

신데렐라도 눈을 동그랗게 뜨며 기뻐했습니다.

 자, 이거면 물을 떠 갈 수 있지?

그런데 신데렐라의 표정이 다시 어두워졌습니다.

드르륵

문제가 하나 더 있어. 물을 담아도 우물이 너무 깊어서 무거운 물통을 끌어올리기가 힘들어.

그것도 방법이 있지.

밍모는 싱긋 웃으며 새 물통을 들고 우물로 향했습니다.

그리고는 새 물통에 도르래에 걸린 끈 한쪽을 단단히 묶고, 그대로 끈을 풀어 물통을 우물 속으로 내려 보냈습니다. '첨벙' 하고 물통이 물에 빠지는 소리가 들렸어요.

 이제 어떻게 물을 길어 올리려고?

 잘 봐.

밍모는 '의지의 성'에서 구한 두 번째 보물인 '돌멩이'를 꺼내 도르래의 나머지 한쪽 끈에 묶었습니다.

그러자 돌의 무게 덕분에 힘을 하나도 들이지 않고 물이 가득
담긴 물통을 우물 밖으로 끌어 올릴 수 있었습니다.

 와아!

밍모의 기발한 아이디어에 모두가 환하게 웃으며 박수했어요.

 자, 물은 충분해. 우선 다 같이 나눠 마시고, 한 번 더 물을
길어서 신데렐라가 집으로 가져가면 돼.

 야호!

굉장하다!

벌컥벌컥—

시원한 물을 마시자
비지니스맨의 눈이 번쩍
떠졌어요.

기운이 난 밍모는 힘껏
줄을 당겨 우물 속에 떨어져
있던 돌멩이를 끌어 올렸습니다.
그렇게 반복해서 물을 길었습니다.

두 개의 보물을 이용해서 물도
마시고 신데렐라의 고민도 해결하게
된 거예요.

정말 고마워. 근데 너희는 이곳 사람이 아닌 것 같은데,
어디서 온 거야?

신데렐라가 궁금한 듯 물었습니다.

응, 우리는 '정의의 성'에 가는 길이야.

그러자 그 말을 들은 신데렐라가 손뼉을 '짝—' 치며 말했습니다.

 '정의의 성'? 바다 위에 떠 있는 유리 성 말이지?

 뭐? 성이 바다 위에 떠 있다고?

 몰랐어?

 근데 너도 그 성을 알아?

 물론이지. 전에 그 성에서 열린 파티에 참석한 적도 있는걸?

얼마나 멋진
파티였는지 몰라.

파티를 개최할 정도면 굉장히 큰 성인가 보네?

그러자 소녀의 얼굴이 어둡게 변했습니다.

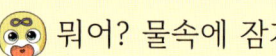 으응, 전에는 그랬지. 하지만 지금은 바닷속에 잠겨
버려서 아무도 갈 수 없게 됐어.

예상치 못했던 대답에 모두 입이 쩍 벌어지고 말았어요.

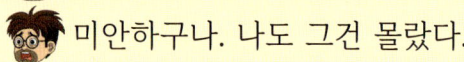 뭐어? 물속에 잠겨?

물에 잠겨 있으면 가 봐야 아무 소용없는 거 아냐?

미안하구나. 나도 그건 몰랐다.

비지니스맨이 머쓱한 얼굴로 고개를 떨궜습니다. 그러자

신데렐라가 의아한 듯 고개를 갸웃하며 대화에 끼어들었습니다.

근데 거기 가는 길이라면 내가 잘 아는데….

그 성은 이 방향이 아니야.
너희들은 지금
정반대로 가고 있어.

뭐?

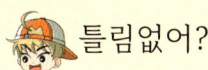 틀림없어?

밍모가 되묻자 신데렐라는 확실하다는 듯 고개를 끄덕였어요.

날 도와준 고마운 사람에게 왜 거짓말을 하겠어?

그러자 밍모와 피니는 동시에 비지니스맨을 바라봤어요.

> 비지니스맨!
> 이게 어떻게 된 거죠?
> 가는 길을 안다고
> 했잖아요!

> 그게…!

밍모가 굳은 표정으로 캐묻자 비지니스맨은 당황한 듯 뒷걸음질 쳤어요.

어째서 우리를 반대 방향으로 이끈 거죠? 이유가 뭐예요?

그, 그건… 그러니까 말이지…. 너희들이 위험할까 봐….

비지니스맨은 제대로 대답하지 못하고 우물쭈물했습니다.

밍모는 그럴수록 물러서지 않고 더욱 강하게 몰아붙였어요.

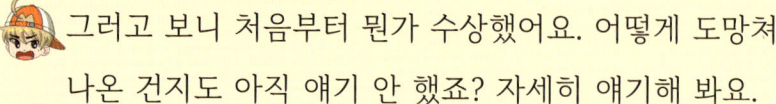 그러고 보니 처음부터 뭔가 수상했어요. 어떻게 도망쳐
나온 건지도 아직 얘기 안 했죠? 자세히 얘기해 봐요.

난 지금껏 너희들을 도와준 비지니스맨이야! 그런 나를
의심하는 거냐?.

궁지에 몰린 비지니스맨은 도리어 큰 소리를 치기 시작했습니다.
그러자 밍모가 손목에 찬 스마트워치를 내보이며 말했습니다.

 좋아요! 이걸로 당장 히어로 비서에게 전화를 걸어서
확인을 해 보면 되겠네요!

윽!

그리고 밍모는 스마트워치의 통화 버튼을 눌렀습니다. 그런데….

죄송합니다.
발신 지역을
벗어나 통화가
불가능합니다.

앗! 하필
이럴 때…!

다시 기세가 등등해진 비지니스맨이 화를 내며 말했습니다.

 날 의심하다니 어떻게 그럴 수가 있지? 내가 회장님과 가장
　　가까운 최측근이란 건 잊은 거냐?

밍모는 과장된 몸짓으로 화를 내는 비지니스맨을 보며 의심의
눈빛을 보냈어요. 그때 뒤에 있던 신데렐라가 조용히 말했습니다.

저기, 이 우물물에는 한 가지 신비한 힘이 있대. 이 물을
　　마시고 거짓을 말하면 잠시 뒤 엄청난 고통이 느껴진다나?

뭐?

조금 전에 마셨으니 슬슬 효과가 나타날 때가 됐는데….

신데렐라가 말을 마치자마자 비지니스맨은 갑자기 괴로운 듯 자신의
가슴을 부여잡고 온몸을 뒤틀기 시작했습니다.

가, 갑자기 배가 아파!
숨이 막히고 어지럽고
속이 뒤틀려…!

신데렐라
얘기가 사실인가 봐!
그럼 진짜 거짓말을
한 거잖아!

털썩

당신은 비지니스맨이 아니야! 진짜 정체가 뭐지?

 크으으…. 무, 무슨 소리를 하는 거야? 난 비, 비지니스맨…!

말을 하면 할수록 비지니스맨의 얼굴이 검게 변하며 고통도 심해졌습니다.

 바른말을 하지 않으면 점점 더 고통스러워질 거야….

신데렐라가 걱정된다는 듯이 중얼거렸습니다.

그때였습니다. 괴로움에 온몸을 비틀던 비지니스맨이 '펑—' 하는 소리와 함께 다른 모습으로 변신했어요!

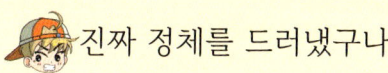 진짜 정체를 드러냈구나!

마녀는 섬뜩한 목소리로 일행을 조롱하듯 비웃기 시작했습니다.

킬킬킬킬, 난 '디디' 님의 부하다! 지금은 '정의의 성'을
지키고 있지! 저 우물만 아니었으면 조금 더 네 녀석들을
속일 수 있었는데 정말 아쉬운걸~.

이럴 수가! 우리가
'정의의 성'에
가지 못하도록
방해하는 게
목적이었어!

> 킬킬킬킬~!
> 먼저 가서
> 기다리고 있으마!

맞아! 하지만 계획이
틀어졌으니 작전은 여기서
중단이다! 하지만 너희는
나한테 속아서
'정의의 성'을
못 찾는 게 차라리 좋았을 거야! 지금 그 성은 이 마녀의
'거꾸로 성'이 되어 버렸으니까.

 거꾸로 성?

왜 그렇게 불리는지 궁금하다면 직접 와서 확인해라!
너희들을 기다리는 지옥문은 언제든 활짝 열려 있으니까!
킬킬킬킬~!

마녀는 마지막 말을 남긴 채 빗자루를 타고 '슝—' 날아가 버렸습니다.

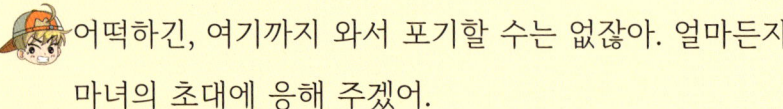

이럴 수가…!

밍모와 피니는 잠시 넋이 나간 표정으로 마녀가 사라진 하늘만
멍하니 바라보았습니다.

 어떡하지?

마침내 마녀의 모습이 시야에서 사라지자 피니가 슬쩍 밍모의
눈치를 살폈습니다.

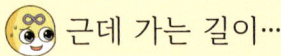 어떡하긴, 여기까지 와서 포기할 수는 없잖아. 얼마든지
마녀의 초대에 응해 주겠어.

근데 가는 길이….

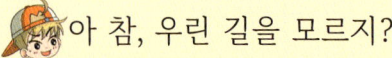 아 참, 우린 길을 모르지?

둘의 대화를 듣고 있던 신데렐라가 반짝이는 유리 구두 하나를
밍모에게 건네며 말했습니다.

내가 '정의의 성'에서 열린 파티에 갔을 때 신은 유리
구두야. 한 짝은 급히 나오느라 깜빡 두고 왔지 뭐야? 성에
가서 나머지 하나를 찾으면 짝을 맞춰 줘.

뭐야? 이런 상황에서 부탁도 하는 거야…?

피니가 어이없다는 표정을 짓자 신데렐라가 싱긋 웃으며
말했습니다.

이 유리 구두는 나머지 한 짝에 가까워질수록 보석처럼
반짝반짝 아름다운 빛을 내거든. 그러니까….

아, 유리 구두가 빛을 강하게 내는 방향으로 가면 되겠구나?

맞아. 그리고 선물을 하나 더 줄게.

 선물?

 집사님!

소녀가 뒤를 돌아보며 누군가를 부르자 어디선가 하얀 말이 끄는 호박 마차 한 대가 '다각다각—' 소리를 내며 달려왔습니다.

그리고 앞에는 커다란 수염이 있는 근엄한 표정의 집사가 마차를 몰고 있었습니다.

이분들을 원하는 곳까지 데려다 주세요. 저를 도와준
고마운 분들이거든요.

알겠습니다. 분부대로 잘 모셔다 드리겠습니다.

멀뚱히 보고 있던 피니가 밍모에게 작은 소리로 속삭였습니다.

힘들게 살고 있다더니 집사에, 마차에, 이게 다 뭐래?

하지만 밍모는 별일 아니라는 듯 어깨를 으쓱해 보였어요.

아무렴 어때? 목적지까지 편하게 가면 그걸로 됐지, 뭐.

자, 그럼 타실까요?

네!

밍모 일행은 신이 나서 호박 마차 앞자리에 훌쩍 올라탔습니다.

어디로 모실까요?

밍모가 신데렐라에게 받은 유리 구두를 꺼내 보자 한 방향으로
반짝거리는 걸 확인할 수 있었습니다.

저쪽이에요!

알겠습니다. 좀 흔들릴 테니 꽉 잡으세요.

그리고는 '이랴!' 하며 힘차게 말을 몰았습니다.

다각다각—

말발굽 소리와 함께 호박 마차는 '정의의 성'을 향해 빠르게 달려
나갔습니다. 신데렐라는 두 손을 꼭 모으고 기도하듯 중얼거렸습니다.

반드시 성을 되찾길 바랄게! 세상을 비추는 '정의의 빛'이
사라지지 않도록…!

미션**2**

정의의 성

다각다각—

밍모 일행을 태운 호박 마차는 한참을 달려 어느 넓은 바닷가에 도착했습니다. 바닷가에는 하얀 모래사장이 끝없이 펼쳐져 있고, 거센 파도가 '철썩철썩—' 소리를 내며 밀려왔다 밀려가기를 반복하고 있었습니다.

 길은 여기서 끝인 것 같군요.

마차를 멈춘 집사는 밍모 일행에게 정중하게 말했습니다.

 데려다 주셔서 고맙습니다.

그럼 저는 이만….

밍모가 감사를 표하자 집사는 고개를 숙여 인사한 뒤, 마차를 돌려 왔던 길로 빠르게 사라졌습니다.

밍모와 피니는 잠시 바다를 둘러보았습니다.

촤악

촤아악

유리 구두가 방향을 알려 준다더니, 여긴 바다와 모래뿐이잖아….

피니가 허무한 표정으로 중얼거리자 가방 속에 있던 인형소녀가
고개를 쓱 내밀었어요.

신데렐라가 그랬잖아. 예전엔 바다 위에 섬처럼 떠 있었지만
지금은 바닷속에 잠긴 상태라고….

하지만 아무것도 안 보이는데?

확인해 보자.

밍모는 가방 안에서 신데렐라가 준 유리 구두 한 짝을 꺼냈습니다.
유리 구두는 정확히 바다 한가운데를 향해 환한 빛을 내뿜으며
반짝거렸습니다.

저 바닷속에 우리가 찾는 '정의의 성'이 있다는 뜻이지.

밍모의 담담한 말투에 피니는 '후유—' 하고 한숨을 쉬었습니다.

그럼 잠수함이라도 있어야 하나?

그때였습니다.

'부아앙—' 소리가 들리더니 멀리 하늘에서 '레드 비행기'가

날아왔습니다.

부아앙

어? 저건
레드 비행기잖아?

피니가 소리치자 인형소녀도 빼꼼 고개를 내밀고 바라봤습니다.

탈 수 없는 비행기는 별 도움이 안 될 것 같은데….

밍모 일행의 머리 위로 날아온
레드 비행기는 같은 자리를 뱅뱅
돌며 말했습니다.

자, 받아~!

 너희들을 찾느라고
　　　이 일대를 한참
　　　동안 날아다녔어.
　　　다행히 지나가던
　　　마차를 한 대 만났는데
　　　너희들 위치를 알려
　　　주더군. 운이 좋았지 뭐야?

 돌아가던 집사님을 만난 모양이네.
　　　근데 왜 우릴 찾은 건데?

밍모가 묻자 레드 비행기는 그제야 자신의
임무가 생각난 듯 보였어요.

 아, 그렇지 참! 난 히어로 비서가
　　　보내서 왔어. 너희들에게 급히
　　　이 상자를 전해 주라고 해서 말이야.

히어로 비서가…?

밍모가 깜짝 놀라자 레드 비행선은
공중에서 작은 상자 하나를 '툭─'
하고 떨어뜨렸습니다.

툭!

말을 마친
레드 비행기는
임무를 마쳐서
개운하다는 표정으로
'부웅—' 하고 날아가
버렸습니다.

그럼 난 이만
돌아가야겠다.
안녕~!

얼른 상자를 열어 봐.

피니가 재촉하자 밍모는 레드 비행기가 던져 준 작은 상자를 집어 조심스레 열어 보았습니다.

편지잖아?

안에 든 편지를 꺼내 펼치자 이런 내용이 적혀 있었습니다.

히어로 비서예요.

진작 연락을 하려고 했는데

신호가 잡히지 않더군요. 누군가 주변에

방해 전파를 뿌리고 있는 것 같아요.

그래서 레드 비행기에게

이 편지를 부탁했는데 언제 도착할지….

부디 늦지 않았으면 좋겠는데 말이죠.

마지막 남은 '정의의 성'은 디디가 점령한

세 개의 성 중에서도 가장 위험한 곳이에요.

무한의 계단을 오르려면 방해도 심하겠죠.

적어도 방해꾼이 다섯은 나타날 것이라

예상되어 카드 또한 다섯 장을 준비했답니다.

검은 색 카드 세 개는 소환 카드,

나머지 흰색 카드 두 개는 변신 카드죠.

아무쪼록 무사히 마지막 세 번째 보물까지

찾을 수 있기를…!

편지를 읽은 후 상자 속을 다시 들여다보자, 편지 속에서 얘기한 카드 다섯 장이 보였어요.

피니는 기뻐했지만 밍모의 표정은 그리 밝지 않았습니다.

 그만큼 어렵다는 뜻이겠지.

 그런가?

 일단 바닷속에 잠겨 있는 '정의의 성'을 찾으려면 바다 한가운데로 이동해야겠어.

 어떻게? 우린 배도 없는데…?

 없으면 만들면 되지~.

 배를 만든다고? 뭘로?

피니가 어리둥절한 표정을 짓자 밍모는 천천히 주변을 둘러보기 시작했습니다.

음, 여기 있는 건 모래와 바닷물, 그리고….

그때 밍모의 시선에 근처의 나무숲이 보였습니다.

> 나무?
> 나무가 있다면….

> 도와줘!
> 나무꾼!

도대체 무슨 생각을 하는 거야?
저 나무들로 뭘 어쩌겠다고?

첫 번째 소환 카드를 써야겠다.

소환 카드를 써도 배를 만들어
줄 수 있는 사람은 없을 텐데….

그러나 밍모는 좋은 생각이 있다는
듯 싱긋 웃어 보이더니 검은색 소환 카드를
한 장 꺼내 들고 이렇게 외쳤습니다.

소환과 동시에 '펑—' 하고 큼직한 도끼를 든 나무꾼이 나타났습니다.

날 불러낸 게 누구야? 선녀님? 아니면 숲속의 산신령님? 어라? 둘 다 아니잖아?

나무꾼은 밍모 일행을 발견하고 살짝 실망한 표정이었습니다.

부탁이 있어요! 저기 보이는 나무들을 좀 베어 주세요!

흠, 나 같은 노련한 나무꾼에게 그 정도 일은 아무것도 아니지! 한나절이면 저기 보이는 숲의 나무들을 모조리 베어 버릴 수 있다!

아니, 그렇게 많이는 필요 없고요. 뗏목 하나를 만들 정도면 충분해요.

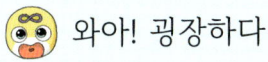 아, 이제 알겠다! 저 나무를 베어서 뗏목을 만들려는 거구나?

나무꾼은 주위를 둘러보며 번쩍거리는 도끼를 '휙휙―' 휘둘렀습니다.

그러곤 뗏목을 만들기 좋은 반듯한 나무를 하나 골라 주저 없이

'쿵쿵―' 도끼질을 시작했습니다.

> 오랜만에 실력을
> 발휘해 볼까?

쿠쿠쿠쿠―

불과 도끼질 서너 번 만에 나무가 베어져 쓰러졌습니다.

와아! 굉장하다…!

밍모도 피니도 나무꾼의 실력에 눈이 휘둥그레질 정도였습니다.

쿵— 쿵—

나무꾼은 지치지도 않고 계속해서 도끼를 휘둘렀고, 얼마 안 가 큰직한 뗏목 하나를 만들기 충분할 정도의 나무가 쌓였습니다.

게다가 나무꾼은 친절하게도 가지를 쳐서 뗏목을 만들기 좋게 통나무로 만들어 주었습니다.

자, 이젠 우리 차례야!

밍모는 베어 놓은 나무의 줄기와 뿌리를 꼬아서 기다란 끈을 만들었습니다. 이어서 그 끈으로 통나무들을 엮기 시작했지요.

뗏목을 처음 만들어 보는 밍모와 피니가 끙끙대자 지켜보던 나무꾼이 나섰습니다.

비켜라. 내가 좀 도와주지.

소환된 나무꾼은 자기 할 일을 다했음에도 사라지지 않고 밍모 일행이 뗏목 만드는 일을 도왔습니다.

드디어 밍모 일행을 태울 정도의 그럴듯한 뗏목이 완성됐습니다.

나무꾼은 '영차' 하고 힘을 주더니 무거운 뗏목을 줄줄 끌고 가 바다에 '풍덩—' 하고 띄웠습니다.

그렇게 나무꾼은 마지막까지 모든 일을 도와주고 나서야 손을 툭툭 털며 '펑—' 하고 사라졌습니다.

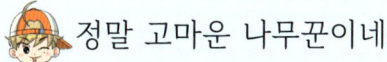 정말 고마운 나무꾼이네.

밍모가 흐뭇한 얼굴로 말하자 피니도 고개를 끄덕였습니다.

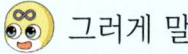 그러게 말이야. 무뚝뚝해 보였는데….

자, 그럼 뗏목을 타고 바다로 나가 볼까?

 그래, 좋아! 좀 떨리긴 하지만 이것도 나름 재밌는데?

마침내 밍모와 피니는 직접 만든 뗏목을 물 위에 띄우고 그 위에 타 바다로 나아가기 시작했습니다.

출렁출렁—

생각했던 것보다 파도는 거셌습니다.

바다에 빠지지 않게 꽉 잡아!

으아아!

출렁

출렁

서, 설마 상어라도 나오는 건 아니겠지? 아니면 문어 괴물이라거나….

피니는 슬슬 겁이 나는 눈치였습니다.

바로 그때 어디선가 '찌잉—' 하는 소리가 들렸습니다.

 이건 무슨 소리지?

그러자 인형소녀가 머리를 쏙 내밀고 말했습니다.

 이것 좀 봐! 가방 안에 넣어 둔 유리 구두에서 나는 소리야!

밍모가 얼른 꺼내 보니 유리 구두는 황홀하고 눈부신 빛으로
반짝이고 있었습니다.

파앗!

지금까지의
그 어떤 빛보다
강렬해!

그렇다는 건
'정의의 성'이
가까워졌다는 뜻인가?

밍모가 고개를 '휙—' 돌리자 멀리 수평선 부근의 바닷속에 투명한
뭔가가 희미하게 보였습니다.

 저, 저게 바로…?

 '정의의 성'…?

그건 바로 바닷속에 잠겨 있는 '정의의 성'이었습니다.

신데렐라의 말대로 성 전체가 반짝이는 투명한 유리로 되어 있었죠.

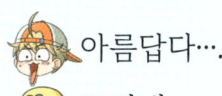 아름답다….

그런데….

유리로 된 '정의의 성'은 완전히 거꾸로 뒤집힌 채 잠겨 있었습니다.

믿어지지가 않아.

그러니까 원래는 제대로 땅 위에 서 있었단 말이지?

어렵게 '정의의 성'을 찾기는 했지만 어떻게 들어가야 할지 마땅한 방법이 떠오르지 않았습니다.

일단 저 성에 들어가야 어떻게든 해볼 텐데….

밍모가 고민에 빠져 혼잣말을 중얼거리는 순간, 멀리서 '촤아악—' 하고 물살을 가르며
시커먼 배 한 척이 나타났습니다.

밍모가 가리킨 곳을 보니 시커먼 배의 꼭대기에 검은색 해적 깃발이 펄럭이고 있었습니다.

 해, 해적선…?

이어서 해적선 뱃머리에 누군가가 모습을 드러냈습니다. 해적 표시가 그려진 모자, 얼굴을 덮은 긴 수염, 그리고 한 손엔 번뜩이는 칼이 들려 있는 인물…. 그는 바로 바다의 무법자 해적이었습니다.

이어 해적의 섬뜩한 목소리가 바다 위에 울려 퍼졌습니다.

밍모는 비장한 표정으로 검은색 소환 카드 한 장을 꺼냈습니다.

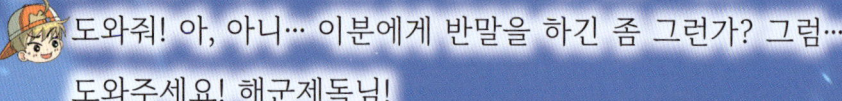 도와줘! 아, 아니… 이분에게 반말을 하긴 좀 그런가? 그럼…

도와주세요! 해군제독님!

그러자 '펑—' 하고 뭔가 거대한 것이 나타났습니다.

부우웅—

멀리서 기적을 울리며 다가오는 거대한 군함과 함께 뱃머리에 우뚝

서 있는 늠름한 '해군제독'의 모습이 보였습니다.

쿠오오오

내가 왔다!!

34

뭔가 어마어마한 사람이 나타났네….

어마어마한 해군제독의 위엄에 피니는 넋을 잃은 채 그저
바라보기만 했어요.

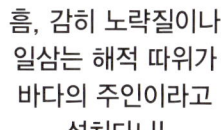 흠, 감히 노략질이나 일삼는 해적 따위가 바다의 주인이라고 설치다니!

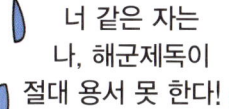 너 같은 자는 나, 해군제독이 절대 용서 못 한다!

제, 제독…!

해군제독의 등장에 기세등등하던 해적은 순식간에 태도를 바꾸어
벌벌 떨기 시작했습니다.

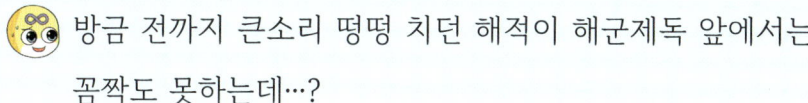 방금 전까지 큰소리 떵떵 치던 해적이 해군제독 앞에서는
꼼짝도 못하는데…?

불과 몇 분 전만 해도 큰소리 땅땅 치던 해적들이
두려워하는 모습을 보니 도무지 적응이 안 되네.

밍모는 한쪽 구석에서 덜덜 떨고 있는 해적들을 바라보다 고개를 내저으며, 위풍당당한 해군제독에게로 눈을 돌렸어요.

해군제독은 근엄한 표정으로 한 팔을 들어 올리더니 큰 소리로 명령을 내렸습니다.

 내가 직접 상대해 주마!

자, 해적선을 향해
함포 사격 준비!

기이잉

명령이 떨어지자 군함의 함포들이 '위이잉—' 소리를 내며 해적선을 향해 방향을 틀었습니다.

 아, 안 돼! 저 포탄 한 방이면 내 해적선은 끝이야!

어서, 당장 배를 돌려라!

당황한 해적의 외치는 소리와 함께 해적선은 슬그머니 뒤로 후진하며 퇴각하기 시작했습니다.

해적선이 도주한다!

밍모와 피니는 신이 나서 소리쳤습니다.

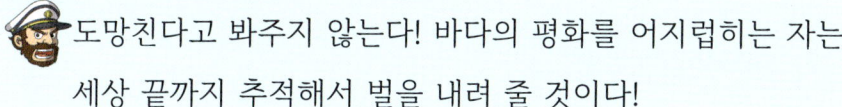도망친다고 봐주지 않는다! 바다의 평화를 어지럽히는 자는 세상 끝까지 추적해서 벌을 내려 줄 것이다!

해군제독이 조금도 흔들림 없이 공격을 계속하려 하자 겁에 질린 해적은 다리를 후들후들 떨었습니다. 마침내 더는 버틸 수 없다는 듯 해적선 안쪽을 향해 쏜살같이 달아났어요. 해적을 태운 해적선은 '펑―' 하고 순식간에 사라졌습니다.

고맙습니다. 해군제독님!

밍모가 감사의 의미로 '척—' 하고 경례를 하자 내내 표정이
굳어 있던 해군제독도 빙긋이 미소를 지었어요.

천만에! 바다의 질서를 지키는 것이야말로 나의 가장
큰 일이다. 그리고 너희가 무사히 '정의의 성'에 들어갈
때까지 *호위를 해 주겠다.

바로 그때, 어디선가 누군가의 아름다운 목소리가 들려왔습니다.

그럼 저도
축하의 노래를
불러 드려야겠군요.

응?
또 누구지?

이, 이건
세이렌의 음성…!

세이렌이라면…?

 바다에서 아름다운 목소리로 노래를 불러 선원들을
유혹한다는 요괴?

어머! 유혹이니,
요괴니, 그런 무시무시한
말을 하다니
섭섭하네요~.

저는 그저 오랜 항해로
피로에 지친 뱃사람들을
위해 노래를 불러
드릴 뿐인데….

둥!

저 앞에 세이렌이 모습을 드러냈어요.

 혹시 세이렌이 두 번째 방해꾼…?

밍모의 추측에 피니도 고개를 끄덕였습니다.

 내 생각도 그래. 이제 어떡하지?

*호위 : 따라다니며 곁에서 보호하고 지킴.

또다시 세이렌의 음성이 들려왔습니다.

자자, 모두들 힘들고 피곤해 보이시는데 제가 휴식이 되는
노래를 불러 드릴게요.

세이렌이 목청을 가다듬으며 노래를 시작하려 하자 조금까지
근엄하던 해군제독의 얼굴은 순식간에 사색이 되었어요.

저, 절대 안 돼! 세이렌의 노래를 들으면…! 세이렌의 노래는
너무 위험해!

그러나 세이렌은 아랑곳하지 않고 노래를 부르기 시작했습니다.

세이렌의 노랫소리는 정말 아름답고 황홀했습니다. 순식간에 밍모도 노래에 빠져들기 시작했어요.

세이렌의 노래를 들으면 모두 미쳐서 바다에 뛰어들고 만다고!

해군제독은 두 손으로 자신의 귀를 틀어막으며 절규하듯 계속 소리쳤습니다. 하지만 세이렌의 노래는 계속해서 바다에 울려 퍼졌습니다.

희망에 찬 아침 바다 노 저어 가요~.

희망에 찬 아침 바다 노 저어 가요~.

해군제독은 귀를 틀어막아도 들려오는 노랫소리에 괴로운 듯 몸부림을 쳤습니다. 그러다가 결국엔 어쩔 수 없다는 표정으로 중얼거렸습니다.

더는 안 되겠다. 이대로 있다가는 나와 이 군함의 선원들까지 모두 당하고 말 거야. 소년에겐 약속을 지키지 못해 미안하지만 어쩔 수가 없다. 행운을 빌겠다.

해군제독은 마지막 말을 남기고 군함과 함께 '펑―'하고 사라졌습니다.

훗, 귀찮은 녀석 하나는 치웠군. 그럼 이제 남은 건 저 꼬마 녀석뿐인가?

세이렌은 차가운 미소를 흘리며 다음 노래를 부르기 시작했습니다.

해당화가 곱게 핀 바닷가에서, 나 혼자 걷노라면 수평선 멀리 파도빛이 은빛으로 반짝이지요~.

연달아서 세이렌의 노랫소리가 들려오자 듣고 있던 밍모의 얼굴은 넋 나간 사람처럼 멍한 눈빛과 표정으로 변하기 시작했습니다.

하지만 어째서인지 피니는 세이렌의 노래를 들어도 별다른 변화가 일어나지 않았습니다.

 잘 부르기는 하지만 빠져들 정돈 아닌데….

고개를 갸웃하며 밍모의 반응을 살피던 피니는 순간 흠칫 놀라고 말았습니다.

밍모는 멍한 눈빛에 이어 계속해서 혼잣말을 되뇌며 정신을 잃어가고 있었던 거예요.

밍모! 정신 차려!

피니가 밍모를 흔들어 깨워 봤지만 꿈쩍도 하지 않았습니다.

도리어 밍모는 계속 투정 섞인 말만 되풀이했어요.

방해하지 마! 난 저 노래를 계속 들을 거야! 아무것도 하고
싶지 않아…. 저 노래만 들을 거라고!

이럴 수가!
세이렌의 노래에
완전히 영혼을
빼앗겨 버렸어!

결국 넋이 나간 밍모는 완전히 의욕을 잃은 얼굴로 뗏목 위에
'털썩' 주저앉았습니다.

제발 정신 좀 차려, 밍모! '정의의 성'이 코앞이야! 거의 다
왔다고!

아아, 몰라…. 다 귀찮아…. '정의의 성'이고 뭐고 다 귀찮아.
세상이 어찌 되든 말든 그냥 이대로 있을 거야….

아아, 이젠 어떡하면 좋지?

❶
선박건조 기술자

어떤 일을 하나요?

선박 건조는 배를 만든다는 뜻이에요. 설계도에 맞춰 배의 몸체와 주요 구조물을 실제로 제작·조립·설치·시험하여 배를 안전하게 만들어요.

어울리는 직업

선박전문설계사 안전한 배를 만들기 위해 재료부터 배의 모양, 내외부 구조, 안전시설 등 모든 것을 고려하여 배의 설계도를 제작해요.

해양경찰 우리나라 바다 위에서 일어나는 범죄나 안전 문제, 오염과 같은 일을 처리할뿐만 아니라 수산 자원 등을 지키기도 해요.

직업 성격 유형 현실형(R)

구체적이고 체계적이며 직접 부딪혀 문제를 해결하는 유형

성실함	체력
질서정연	원칙주의
성취감	끈기
손재능	신중함

나에게 맞는 직업일까?

☑ 나와 가까운 항목을 체크해 보아요.

- [ ] 꼼꼼하다는 말을 자주 들어요.
- [ ] 계획을 세우고 실천하길 좋아해요.
- [ ] 손재주가 좋은 편이에요.
- [ ] 끈기와 인내심이 강한 편이에요.
- [ ] 질서정연한 것을 좋아해요.
- [ ] 문제 해결에 집중해요.

4개 이상이면 **현실형 직업**과 가까워져요.

❷ 건축목공기능사

어떤 일을 하나요?

건축 현장에서 목재를 이용하는 구조물의 제작과 시공, 안전 관리 등을 담당해요.
건축 외에 인테리어, 목재 가공 등의 일을 하기도 합니다.

어울리는 직업

목공예기능사 나무를 이용해 가구나 공예품 등을 만들어요. 이를 위해 도면을 제작, 확인할 수 있어야 하고 다양한 도구를 잘 다뤄야 해요.

가구제작기능사 나무, 금속, 플라스틱 등 다양한 재료로 가구를 만들어요. 사용이 편리하고 아름다운 가구를 만들 손재주가 필요해요.

직업 성격 유형 예술형(A)

다양한 자원을 이용하여 새로운 것을 창작하는 활동을 하고 싶어 하는 유형

상상력	독창적
개방적	창조적
미적 감각	손재주
집중력	뚜렷한 개성

나에게 맞는 직업일까?

✓ 나와 가까운 항목을 체크해 보아요.

- [ ] 상상력과 감수성이 풍부한 편이에요.
- [ ] 좋아하는 일은 시간에 상관없이 집중해요.
- [ ] 기계를 잘 다루고 손재주가 있어요.
- [ ] 집중력이 높아요.
- [ ] 조심성이 있고 안전한 것을 중요시해요.
- [ ] 다른 사람과 협력하는 것이 어렵지 않아요.

4개 이상이면 **예술형 직업**과 가까워져요.

밍모의 직업 소환 Ⅰ

③ 선장

어떤 일을 하나요?

선장은 배, 즉 선박의 최고 책임자로 선원을 지휘하고 선박의 운영 전반을 담당합니다. 배의 항로, 안전, 승객 관리 등 모든 일을 감독하고 조정하지요.

어울리는 직업

항해사 선장 바로 아래의 직급이에요. 배의 항로를 조정, 결정하고 배의 시설과 장비 등은 물론 운항 전반에 대한 것을 관리해요.

해군 바다를 지키는 군인입니다. 해역 내를 통제하고 어선·상선의 이동을 보호, 인명 구조 및 오염 방지 등을 담당하지요.

직업 성격 유형 관습형(C)

자료를 정리하는 등의 체계적이고 조직적인 일을 좋아하는 유형

꼼꼼함	계획성
정확함	계산력
조심성	모험심
책임감	정리력

나에게 맞는 직업일까?

☑ 나와 가까운 항목을 체크해 보아요.

- [ ] 환경에 적응력이 뛰어나요.
- [ ] 체계적으로 정리하는 것을 좋아해요.
- [ ] 규칙과 원칙을 잘 지켜요.
- [ ] 체력이 좋은 편이에요.
- [ ] 돌발 상황에서 침착하게 행동해요.
- [ ] 일기나 기록을 잘 쓰는 편이에요.

4개 이상이면 **관습형 직업**과 가까워져요.

❹ 성악가

어떤 일을 하나요?

사람의 음성, 목소리로 하는 음악을 성악이라고 해요. 고전 음악 및 가곡을 혼자, 또는 여럿이서 부르며 합창단으로 활동하거나 가극 등에 출연하기도 합니다.

어울리는 직업

뮤지컬배우 노래와 춤, 연기가 결합된 공연인 뮤지컬만을 위한 배우예요. 가창력과 무용, 종합적 표현력 등 다양한 능력이 필요해요.

보컬트레이너 노래를 잘 부르기 위한 발성과 기술, 표현 방법 등을 가르쳐요. 주로 대중가요 가수나 입시를 위한 교육을 많이 해요.

직업 성격 유형 예술형(A)

다양한 자원을 이용하여 새로운 것을 창작하는 활동을 하고 싶어 하는 유형

상상력	독창적
개방적	창조적
미적 감각	체력
집중력	뚜렷한 개성

나에게 맞는 직업일까?

☑ 나와 가까운 항목을 체크해 보아요.

- [ ] 상상력과 감수성이 풍부한 편이에요.
- [ ] 좋아하는 일은 시간에 상관없이 집중해요.
- [ ] 음악 감상이나 공연을 보는 것을 즐겨요.
- [ ] 직접 체험하고 경험하는 것을 좋아해요.
- [ ] 다른 사람과 협력하는 것이 어렵지 않아요.
- [ ] 내 생각을 표현하는 것이 즐거워요.

4개 이상이면 **예술형 직업**과 가까워져요.

인형소녀의 정체

세이렌의 노랫소리에 밍모는 완전히 넋을 잃고 말았습니다.

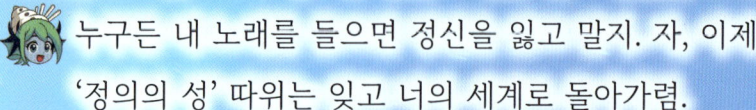 누구든 내 노래를 들으면 정신을 잃고 말지. 자, 이제
'정의의 성' 따위는 잊고 너의 세계로 돌아가렴.

맞아. 집으로 돌아가 편안한 내 침대에 누워 게임이나 할래.
사실 게임 세상의 운명 같은 건 내 알 바 아니라고.

게임 세계가 사라지면 결국 현실 세계도 무너진다는 회장님의
경고를 잊었어? 돌아가서 편히 게임을 할 네 집도 사라진다고!

피니의 간절한 설득에도 소용이 없었어요. 밍모는 모든 것을
포기한 표정으로, 말없이 육지를 향해 뗏목을 저어가기 시작했습니다.
그러자 가방에 있던 인형소녀가 고개를 쏙 내밀었어요.

밍모를
깨울 방법이
생각났어.

인형소녀! 넌 이미
주술에 걸린 상태라
괜찮은 거구나?

빼꼼

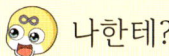 맞아. 생각해 봤는데, 밍모에게 뇌전파를 이용해 보면 어때? 상대를 조종하거나, 조종당한 사람을 깨우는 데 사용한다는 얘길 들은 적 있어. 혹시 너한테 숨겨진 기능은 없을까?

나한테?

피니는 잔뜩 긴장한 얼굴로 천천히 자신의 이마에 손가락을 대보았습니다. 그리고 여러 가지 방법으로 자신의 이마 한가운데를 눌러 보았어요.

꾹꾹 꾸욱— 꾸욱—

그러다가 짧게 두 번, 길게 두 번 누르는 순간… 갑자기 피니의 손바닥에서 신비한 전파가 흘러나오기 시작했습니다.

좋아, 한번 해 보자!

피니는 전파가 흐르는 손바닥을 조심스레 밍모의 팔에 댔어요. 이상한 느낌이 전해지자 밍모는 머리를 긁적였습니다.

 왜 이렇게 간지럽지? 모기 물렸나?

계속 머리를 긁적이며 주위를 두리번거리는 밍모를 보며 피니가 실망스런 목소리로 속삭였어요.

 별 효과가 없는 것 같아.

 너무 약해서 그런가 봐. 좀 더 세게 자극해 봐.

인형소녀의 말대로 피니는 다시 밍모에게 다가갔습니다.

 그럼 좀 더 세게…!

피니는 이번엔 밍모의 팔을 움켜잡았어요.

잠시 후 밍모는 '쿵—' 소리와 함께 뗏목 위로 쓰러졌어요. 놀란 건 피니였습니다.

 미, 밍모, 정신 차려!

피니가 당황해서 어쩔 줄 모르자, 인형소녀가 조심스레 쓰러진 밍모에게 다가갔어요.

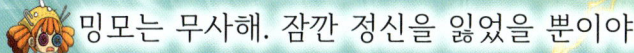 음….

어떤 것 같아? 혹시 나 때문에 밍모가 잘못된 건 아니겠지?

그러자 인형소녀가 몸을 돌려 피니에게 미소를 지었어요.

밍모는 무사해. 잠깐 정신을 잃었을 뿐이야.

마침내 밍모의 몸이 꿈틀하기 시작했어요.

 밍모!

피니의 목소리에 밍모가 눈을 번쩍 떴습니다.

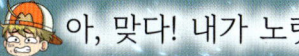 아, 맞다! 내가 노랫소리에 홀렸었지?

다행이야, 원래대로 돌아왔구나!

그것 봐, 내가 뭐랬어?

정말 다행이다! 난 정말 네가 전부 포기하는 줄 알았어.

너희들 덕분이야. 이제 '정의의 성'으로 가자!

하지만 세이렌이 또다시 노래를 부르면….

이 상황에 가장 놀란 건 멀리서 이들의 모습을 지켜보던 세이렌이었어요.

어, 어떻게 정신을 차린 거지? 내 노래가 안 통한 적은
없는데…, 뭔가 특별한 능력이 있는 건가? 그렇다면 더
강력한 노래가 필요하겠어. 잠깐 정신을 잃는 정도가
아니라 머릿속을 완전히 뒤죽박죽으로 만들어 주마!

세이렌의 눈빛이 투명하게 변하며, 다시 노래를 부르기 시작했습니다.

다시 세이렌의 노랫소리가 울려 퍼지자 순식간에 뗏목 위로
긴장감이 번졌어요.

 이번 노래는 뭔가 좀 달라…!

 밍모는 두 손으로 귀를 막았지만, 그것만으로는 소용이 없었어요.
결국 밍모는 결심한 듯 흰색 카드를 꺼냈습니다.

 변신 카드?

 세이렌의 노래를 듣지 않는 유일한 방법은 바닷속으로
뛰어드는 거야!

 뭐라고?

이제 뗏목은 포기하고 직접 바닷속 '정의의 성'으로 가야겠어!

인형소녀는 어서 가방 안으로 들어가!

 알았어!

인형소녀가 가방 속으로 숨자, 밍모는 변신 카드를 들고 외쳤습니다.

 해저 탐험가로 변신!

펑—!

밍모는 잠수복을 입은 해저탐험가로 변신했습니다.

가자, 피니!
바닷속으로!

첨벙

밍모는 크게 외치며 바닷속으로 '풍덩—' 뛰어들었습니다.

 어쩌지…!

피니도 잠시 머뭇거리다 용기를 내서 밍모를 따랐지요. 밍모와 피니가 바다로 뛰어들자, 당황한 건 세이렌이었습니다.

응? 바닷속으로 뛰어들다니, 생각보다 대담한 녀석들이…, 앗! 물속에선 소리가 잘 안 들릴 텐데, 그럼 내 노래가 통하지 않는다는 거잖아!

한참 동안 바다 위에 남겨진 뗏목을 노려보던 세이렌은, 결국 '펑―!' 소리와 함께 사라졌습니다.

한편 바닷속으로 뛰어든 밍모와 피니는 '뽀그르르―' 공기 방울을 내뿜으며 어둠 속을 헤엄쳐 갔어요. 수면 아래는 밖에서 볼 때보다 훨씬 어둡고 스산했어요. 물살을 거슬러 한참을 나아가자, 이윽고 투명한 유리로 된 궁전이 나타났습니다.

그런데 놀랍게도 위아래가 뒤집힌 채로 서 있었죠.

두웅!

저기가
'정의의 성'이야!

뽀그르르—

앞서가던 밍모가 손가락으로 앞쪽을 가리켰습니다. 가까이 다가가
보니 성은 훨씬 더 거대하고 화려했어요. 밍모는 성의 입구를 찾아
주변을 살피다 해초에 뒤덮인 성문을 발견했습니다.

밍모와 피니는 한참 동안 뒤엉켜 있는 해초를 뜯어냈어요. 그리고 힘껏
문을 당겼어요. 그러나 굳게 닫혀 있는 성문은 꼼짝도 하지 않았습니다.

그때, 인형소녀가 가방 안에서 신데렐라가 준 유리 구두 한 짝을
꺼냈어요. 놀랍게도 유리 구두는 어두컴컴한 바닷속에서도 환한 빛을
잃지 않고 아름답게 빛났지요. 그 빛이 닿자 '스르르―' 성문이
열렸습니다. 밍모와 피니는 기쁨의 함성을 지르며 '정의의 성' 안으로
헤엄쳐 들어갔어요.

성 안으로 들어서자 밍모의 해저탐험가 잠수복은 저절로 '펑—'
하고 사라졌습니다. 놀랍게도 성안은 물이 전혀 들어오지 않아서
포근하고 보송보송한 공간이었어요.

어? 신기하게 여기엔 물이 없어!

응, 게다가 숨도 쉴 수 있어.

잠깐…!

이야기를 나누던 밍모는 또 한 가지 신기한 사실을 발견했습니다.
성의 내부는 위아래가 완전히 거꾸로 뒤집혀 있었던 거예요.

천천히 성을 둘러보던 밍모와 피니는 바닥에 '떼구루루ㅡ' 굴러다니는 유리구슬들을 발견했습니다.

 이건 뭐지?

 왜 이런 곳에 유리구슬이 떨어져 있는 걸까?

밍모가 구슬 하나를 들어 자세히 보더니 깜짝 놀라 떨어뜨렸어요.

 왜 그래?

여, 여길 봐! 유리구슬 안에…!

밍모가 가리킨 유리구슬 안에는 슬픈 표정의 소녀가 있었어요.

 헉! 누가 있잖아!

 모든 유리구슬마다 사람의 얼굴이 보여!

그때였습니다. 기괴한 웃음소리와 함께 기다란 빗자루에 올라탄 마녀가 모습을 드러냈습니다.

큭큭큭, 그 유리구슬 안에는 이 성에 살던 사람들이 갇혀 있지!

써앵-

마녀! 이게 전부 당신의 짓이었군!

'정의의 성'을 빼앗고 사람들을 구슬에 가둔 거야!

밍모가 분노하는 모습에 마녀는 오히려 재미있다는 듯 웃었어요.

큭큭, 안타깝지만 이제 '정의의 성'은 없다! 내가 지배하는 '거꾸로 성'이 존재할 뿐이지!

왜 성을 거꾸로 뒤집은 거지?

훗, 좋은 질문이야!

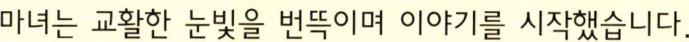

마녀는 교활한 눈빛을 번뜩이며 이야기를 시작했습니다.

사람들은 이 세상에 '정의는 하나뿐'이라고 믿지.

하지만 과연 그럴까?

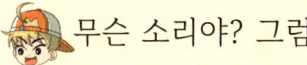 무슨 소리야? 그럼 '정의'가 여러 개라는 거야?

물론이지. 단 하나의 정의란 없다. 사람마다 자기 기준에 따라 정의를 단정 지을 뿐이야. 똑같은 일을 봐도 사람마다 다르게 판단하잖아?

헛소리야! 그런 식이면 세상은 혼란에 빠질 거야!

 큭큭큭, 바로 그거야! 모두가 자기 생각만 옳다고 믿으면 세상은 뒤죽박죽 되지. 이 성도 마찬가지야. '거꾸로 세운 것'이 틀렸다고 누가 단정할 수 있겠니? 모든 기준이 뒤섞여 혼란스러운 세상, 그게 내가 원하는 세계다!

뭐?

말문이 막힌 밍모가 더 이상 말을 잇지 못하고 서 있자 보다 못한 피니가 끼어들었습니다.

 밍모, 마녀는 세상을 뒤죽박죽으로 만들려는 거야. 마녀와 계속 말해 봤자, 머리만 혼란스러워질 뿐이라고. 그러니 지금은 우리가 여기 온 이유만 생각해!

피니의 말에 밍모가 정신을 차리며 주먹을 불끈 쥐었습니다.

맞아! 기준이 반드시 하나일 필요는 없지만, 그렇다고 아무 기준도 없다면 세상은 유지되지 않을 거야. 마녀의 말에 휘둘리면 안 돼. 지금은 내가 여기에 온 이유만 생각하자! 난 무슨 일이 있어도 세 번째 보물을 찾고 이 성을 원래대로 돌려놓을 거야! 그리고 구슬에 갇힌 사람들도 구해내고!

큭큭, 그렇게 원한다면 기회를 주지! 이제부터 이 성은 바닷물이 위에서부터 아래로 찰 거야. 완전히 잠기기 전에 '무한의 계단' 끝에 도착하면 네 소원을 들어주마. 하지만 실패하면, 너도 저 사람들처럼 유리구슬에 갇히게 될 거다! 어때?

반드시 해낼 테니, 지켜보라고!

좋아, 무한의 계단이라면 자신 있어!

자, 잠깐! 근데 방금 마녀가 물이 위에서 아래로 찬다고 하지 않았어?

어? 그러네? 거꾸로 물이 찬다는 뜻인가?

밍모와 피니가 어리둥절해하자, 마녀가 생각난 듯 말을 보탰어요.

아 참, 한 가지 깜빡했군. 보다시피 이 성은 모든 게 거꾸로이지. 즉, 무한의 계단을 오르는 게 아니라 거꾸로 내려가는 거다!

뭐? 계단을 내려가야 한다고?

이런 경우는 처음인데….

그럼 행운을 빌지, 큭큭.

마녀가 마지막 말을 남기고 빗자루를 탄 채 '횡一' 날아가 버렸어요.

그와 동시에 밍모 앞에 거꾸로 된 무한의 계단이 나타났습니다.

우아~!

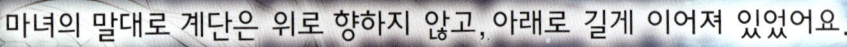

마녀의 말대로 계단은 위로 향하지 않고, 아래로 길게 이어져 있었어요.

으으, 넘어지거나 미끄러지지 않게 조심해야겠어.

밍모는 긴장한 표정으로 내려가는 계단을 향해 조심스럽게 한 발을 내딛었습니다. 그러자 위쪽에서 '쏴아—' 하며 바닷물이 쏟아져 들어오기 시작했어요.

밍모, 서둘러야 해! 위에서부터 물이 들어오고 있어.

알았어!

밍모는 지금까지 수없이 많은 '무한의 계단'을 경험했지만 거꾸로 내려가는 건 처음이었어요.

밍모는 긴장한 나머지 온몸에 잔뜩 힘을 주고 한 계단, 두 계단… 천천히 발을 옮겼어요. 다행히 얼마 안 가 어느 정도 익숙해지고 내려가는 요령도 생기기 시작했습니다.

탁 탁 탁

올라가는 것보다
내려가는 게
더 어려운 것 같아.

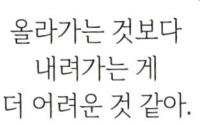

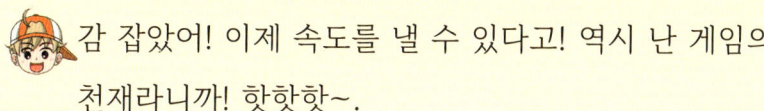 감 잡았어! 이제 속도를 낼 수 있다고! 역시 난 게임의 천재라니까! 핫핫핫~.

그래, 그건 인정.

타다다닷—

위에서 물이 내려오는 속도보다 훨씬 빠르게, 밍모는 무한의 계단을 뛰어서 내려갔습니다.

헤헷! 이런 속도면 금세 꼭대기에 아니, 바닥에 도착하겠는데?

밍모는 자신만만했지만, 피니는 불안했어요.

이렇게 쉬울 리가 없는데….

피니의 예감은 정확했어요. 바로 그 순간 밍모의 앞을 가로막는 그림자가 나타났습니다.

펑!

뭐야?
사람이야? 뱀이야?

용이 되지 못한
이무기야!
원한이 많아서 성격도
포악한 요괴지.

그래, 맞다! 특히 난 인간들을 보면 화를 참을 수 없어! 내가 하늘로 승천하지 못한 건 인간들 탓이니까!

자기가 부족해서 용이 되지 못한 걸 왜 사람 탓을 해?

뭐가 어째?
이 건방진 녀석,
맛 좀 봐라!

촤악

발끈한 이무기는 혀를 날름거리며 밍모에게 독을 내뿜었어요.

앗!

밍모는 '휙—' 하고 날아오는 독을 재빨리 피했지만, 다리에 독이 조금 묻고 말았어요. 곧 다리가 굳어져 움직일 수 없게 되었죠.

크으으, 다리를 움직일 수가 없어….

 밍모, 어떡해…!

크큭, 독이 풀리려면 시간이 좀 걸릴 거다! 처음엔 운 좋게 피했지만, 이번엔 힘들 거야. 머리부터 발끝까지 굳게 만든 다음, 통째로 삼켜 주마!

이무기가 섬뜩한 표정으로 다시 독을 내뿜으려는 순간! 밍모는 주머니에 있던 세 번째 검은색 소환 카드를 꺼내 들었습니다.

주술사가 나타나자, 이무기는 잠깐 주춤했지만 곧 비웃었어요.

후후, 어리석구나! 고작 불러낸 게 주술사라니! 난 용이 되기
위해 100년 동안 내공을 쌓았다! 그런 나에게 주술사
따위가 통하겠느냐?

듣고 있던 주술사도 무거운 목소리로 말했습니다.

저 요괴의 말이 맞다! 내 힘으로는 이무기를 물리칠 수 없다.

밍모, 아무래도 이번엔 실수한 것 같아.

피니도 걱정스러운 표정이었지만, 밍모는 오히려 자신감에 찬
미소를 지었어요.

걱정 마! 나한테 좋은 생각이 있으니까!

그리곤 이렇게 말했습니다.

이무기가 강력한 힘을 지닌 요괴라는 건 나도 인정해. 물론
주술사가 직접 상대해서 이기기는 힘들겠지. 하지만
주술사를 부른 건 이무기와 싸우기 위해서가 아니야!

싸우려는 게 아니라고? 그럼?

그 말을 들은 이무기도 당황한 표정이었어요.

무슨 소리인지 전혀 모르겠군. 무슨 꿍꿍이지?

그 사이, 다리의 독이 조금 풀린 밍모가 몸을 움직이며 말했어요.

주술사! 당신의 주문으로 이무기를 하늘로 승천할 수 있도록
도와줘! 가능하겠지?

물론이지! 맞서 싸우기는 버거운 상대지만 승천을 돕는 건 가능하다.

뭐? 날 승천하게 해 준다고? 그게 가능해?

예상치 못한 말에 당황한 이무기가 우물쭈물하는 사이 주술사는 지팡이를 휘저으며 주문을 외우기 시작했습니다.

순간 뽀얀 연기가 피어올라 이무기의 몸을 감쌌습니다. 하늘에서 쏟아지는 환한 빛이 그를 비추었어요.

팟—!

빛과 함께 이무기의 모습이 완전히 사라졌습니다. 주술사는 지팡이를 내려놓으며 지친 듯 깊은숨을 내쉬었습니다.

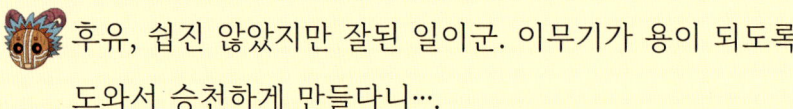

후유, 쉽진 않았지만 잘된 일이군. 이무기가 용이 되도록 도와서 승천하게 만들다니….

멋지다…! 이런 식으로 해결할 줄은 생각 못 했어!

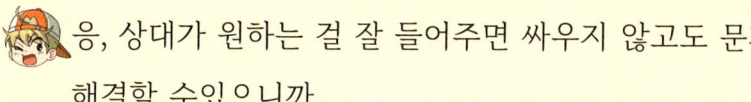 응, 상대가 원하는 걸 잘 들어주면 싸우지 않고도 문제를 해결할 수있으니까.

잠자코 듣고 있던 주술사는 밍모를 잠시 물끄러미 바라보더니 말을 꺼냈습니다.

네 덕분에 중요한 걸 깨달은 것 같다. 보답으로 선물을 하나 주마. 지금 네게 가장 필요한 것이 무엇이지?

주술사의 말에 밍모는 머리를 긁적이며 고민했어요.

뭐가 좋을까?
아이돌처럼 잘생기게
만들어 달라 할까?

아니면 공부를
안 해도 시험을
잘 보는 능력?

그런 건
안 돼!

듣고 있던 주술사는 난처하게 웃었어요.

 물론 가능은 하지만, 그런 소원엔 반드시 대가가 따를 거다.

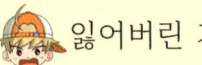 그러니 무리한 소원보다는 간단한 게 좋을 거다. 예를 들면 잃어버린 물건이나 기억을 되찾아 달라는 식으로 말이지….

순간 밍모와 피니의 머릿속에 번쩍 떠오른 것이 있었습니다.

잃어버린 기억?

그렇다면 혹시…?

밍모는 가방 안에 있던 인형소녀를 불러냈습니다.

인형소녀, 어서 나와 봐! 너, 기억을 잃었다고 했지?

그래, 이건 기억을 되찾을 수 있는 좋은 기회야!

사실 인형소녀도 밖에서 들려오는 대화를 들으며 가슴이 두근거렸어요. 인형소녀는 가방 밖으로 나와 두 손을 모으며 말했어요.

> 그런데 밍모가 받을 선물을 내가 받아도 될까?

> 당연하지! 우린 친구잖아!

맞아. 그리고 너한테 마법이 통하지 않는 이유는, 이미 다른 주문에 걸려 있어서라고 했지?

그렇다면 그게 먼저겠네. 인형소녀에게 걸린 마법을 풀어줘.

그러자 인형소녀를 유심히 살피던 주술사는 흠칫 놀란 표정으로 중얼거렸습니다.

흠, 이 녀석은 너희들이 생각하는 것 이상으로 강력한 주문에 걸려 있구나. 이만한 마법을 사용할 수 있는 자는 많지 않아.

뭐라고요?

그리고 한 가지 더! 소원대로 주문을 풀어 주겠지만 엉뚱한 결과가 나타날 수도 있다. 그래도 괜찮겠나?

주술사의 말에 밍모와 피니, 인형소녀는 한동안 말없이 서로의 얼굴을 바라봤습니다. 말은 없었지만 눈빛만으로도 대답은 같았죠. 이윽고 밍모가 고개를 끄덕이며 말했습니다.

해 보자. 어떤 일이 생겨도 우리 사이는 변하지 않을 거야.

맞아. 처음엔 마음에 안 들긴 했지만 이젠 널 믿어.

나도 용기 낼게. 어떤 모습이 돼도 나는 나니까!

모두가 결심한 걸 확인하자 주술사가 앞으로 나섰습니다.

좋아, 그럼 이제부터 너에게 씌워진 마법 주문을 풀어주겠다! 잠시 머리가 어질어질할 거야.

주술사는 지팡이를 높이 들고 주문을 외우기 시작했습니다.

두둠바 둠바… 모든 하늘의 신과 땅의 정령들이여…

저주의 주문을 거두고…

어둠의 결계로부터 자유롭게 하소서…

두둠 두둠둠 둠바…!

쿠오오오

순간 인형소녀의 몸이 공중으로 둥실 떠올랐습니다. 인형 몸체에서는 검은 연기가 스멀스멀 빠져나왔고, 곧 사방으로 환한 빛이 뿜어져 나왔어요. 너무 눈부셔서 밍모와 피니는 두 눈을 질끈 감았어요.

 웃!

 눈을 뜰 수가 없어!

한참 후, 빛이 잦아들자 밍모와 피니는 천천히 눈을 떴습니다.

 어? 인형이 아니잖아?

 원래 모습…?

눈앞에는 한 소녀가 서 있었어요.

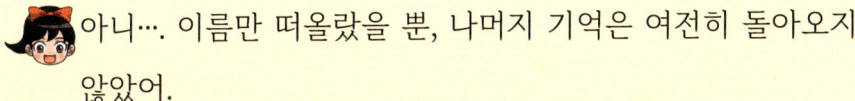

영희는 조용히 고개를 가로저었어요.

아니…. 이름만 떠올랐을 뿐, 나머지 기억은 여전히 돌아오지
않았어.

옆에 있던 주술사는 미소를 지으며 말했어요.

난 여기까지다. 최선을 다했지만, 너무 강력한 주문이라서
그 이상은 나도 무리구나. 기억을 완전히 되찾게 하려면
처음 주문을 걸었던 자를 찾아야 한다. 그럼 나는 이만….

주술사는 마지막 인사를 남기고 '펑―' 하고 사라졌습니다. 남은
밍모와 피니는 영희를 바라보며 미소 지었어요.

어쨌든 원래 모습으로 돌아온 걸 축하해.

그런데 이젠 가방 속엔 못 들어가겠네?

세 사람은 얼굴을 마주 보며 웃었습니다.

밍모의 직업 소환 Ⅱ

❶ 산업잠수사

어떤 일을 하나요?

해양 기반 시설을 설치하거나 유지, 보수하는 일로, 잠수뿐만 아니라 수중 검사, 시공 및 해양 토목 및 측량 기술 등 다양한 기술이 필요해요.

어울리는 직업

스쿠버다이버 장비를 이용해 수중에서 호흡, 잠수하며 다양한 작업을 합니다. 수영 실력과 체력 외에 위기 대처 능력도 중요해요.

수중생물전문가 인공 환경인 수족관에서 수중 생물을 기르고 관리해요. 수중 생물의 환경과 상태를 관찰하고, 질병을 예방하지요.

직업 성격 유형 관습형(C)

자료를 정리하는 등의 체계적이고 조직적인 일을 좋아하는 유형

꼼꼼함	계획성
정확함	관찰력
조심성	판단력
책임감	정리력

나에게 맞는 직업일까?

☑ 나와 가까운 항목을 체크해 보아요.

- ☐ 관찰하고 조사하는 걸 좋아해요.
- ☐ 체계적으로 정리하는 것을 좋아해요.
- ☐ 시야가 넓어요.
- ☐ 체력이 좋은 편이에요.
- ☐ 상황에 따른 판단이 빨라요.
- ☐ 일기나 기록을 잘 쓰는 편이에요.

4개 이상이면 **관습형 직업**과 가까워져요.

❷ 해양학연구원

어떤 일을 하나요?

바다와 관련된 과학 기술과 정책 개발에 대한 연구를 해요. 기후, 환경, 생물 자원, 안전 방제, 운송 시스템 등 다양한 업무로 나누어 수행하고 있지요.

어울리는 직업

해수환경기사 바다의 자원을 사용하기 위한 조사와 연구를 해요. 또한 바다가 오염되는 것을 방지하고, 오염 사고의 처리도 함께 연구하지요.

해양에너지기술자 바다의 자원을 활용하여 에너지를 얻는 기술을 개발해요. 파도의 힘, 온도 차이 등을 전기에너지로 바꾸는 연구도 하지요.

직업 성격 유형 현실형(R)

구체적이고 체계적이며 몸으로 부딪혀 문제를 해결하는 유형

성실함	체력
질서정연	원칙주의
성취감	끈기
손재능	신중함

나에게 맞는 직업일까?

☑ 나와 가까운 항목을 체크해 보아요.

- [ ] 자연에 관심이 많아요.
- [ ] 계획을 세우고 실천하길 좋아해요.
- [ ] 탐구하는 걸 좋아해요.
- [ ] 끈기와 인내심이 강한 편이에요.
- [ ] 질서정연한 것을 좋아해요.
- [ ] 환경 보호 실천에 앞장서요.

4개 이상이면 **현실형 직업**과 가까워져요.

밍모의 직업 소환 Ⅱ

③

성직자

어떤 일을 하나요?

종교계에서 의식을 행하고 관리하며, 신자들의 정신적, 도덕적인 부분을 지도해요.
교리 해설과 설교를 통해 고충을 듣고, 안식을 주는 상담자이기도 합니다.

어울리는 직업

신부 가톨릭 교회 및 정교회의 성직자예요.
추천을 받아 신학 대학에 진학하여 수련을 거친
뒤, 주교에게 임명 받아야 해요.

승려 불교의 성직자예요. 신도들에게 부처의
진리를 가르치고 불교 의식을 집행하지요.
사찰을 관리하며 포교 활동을 하기도 해요.

직업 성격 유형 사회형(S)

다른 사람을 가르치거나 돌보거나
치유하고 돕는 일을 좋아하는 유형

공감력	책임감
협조성	인내력
지도력	해결력
사교성	헌신적

나에게 맞는 직업일까?

☑ 나와 가까운 항목을
체크해 보아요.

- [ ] 다른 사람의 이야기를 잘 들어 줘요.
- [ ] 어려움에 처한 사람을 잘 도와요.
- [ ] 새로운 사람들과 잘 친해져요.
- [ ] 가르치거나 설명하는 것을 좋아해요.
- [ ] 사회, 문화 등 다양한 분야에 관심이 많아요.
- [ ] 말하기와 글쓰기를 좋아해요.

4개 이상이면 **사회형 직업**과 가까워져요.

❹ 아이돌

어떤 일을 하나요?

가수 중에서도 10대 등 특정 팬 층의 열렬한 사랑을 받는 스타인 아이돌은 노래, 춤 외에도 연기와 예능 방송, 콘서트, 팬 미팅 등 다양한 활동을 합니다.

어울리는 직업

매니지먼트 연예인이나 운동선수 등의 출연 계획이나 섭외, 출연료 등을 협상하고 일정과 계약 등을 관리하는 대리인이에요.

퍼포먼스트레이너 가수와 아이돌의 노래, 춤, 무대 등을 위해 연습과 훈련을 도와요. 아이돌 지망생의 오디션 준비를 돕기도 해요.

직업 성격 유형 예술형(A)

다양한 자원을 이용하여 새로운 것을 창작하는 활동을 하고 싶어 하는 유형

상상력	독창적
개방적	창조적
미적 감각	체력
집중력	뚜렷한 개성

나에게 맞는 직업일까?

☑ 나와 가까운 항목을 체크해 보아요.

- ☐ 상상력과 감수성이 풍부한 편이에요.
- ☐ 좋아하는 일은 시간에 상관없이 집중해요.
- ☐ 음악 감상이나 공연을 보는 것을 즐겨요.
- ☐ 직접 체험하고 경험하는 것을 좋아해요.
- ☐ 긍정적이며 호기심이 많아요.
- ☐ 내 생각을 표현하는 것이 즐거워요.

4개 이상이면 **예술형 직업**과 가까워져요.

미션 **6**

세 번째 보물

갑자기 뒤쪽에서 '쏴아—' 하고 바닷물이 쏟아져 내려오는 소리가 들렸습니다. 그러자 깜짝 놀란 피니가 뒤를 돌아보며 다급하게 소리쳤습니다.

서둘러야겠어! 어느새 바닷물이 바로 위쪽까지 다가왔어!

알았어! 늦기 전에 계단을 내려가자!

뒤쫓아오듯 밀려오는 바닷물을 피해 밍모 일행은 무한의 계단을 빠른 속도로 뛰어 내려가기 시작했습니다. '헉헉헉—' 모두 숨이 가쁠 정도로 한참을 내려왔을 때였어요. 계단 앞쪽에 잔뜩 쌓여 있는 거대한 상자 더미가 보였습니다. 밍모 일행은 상자 더미에 길이 막혀 어쩔 수 없이 그 자리에 멈춰 섰어요.

저게 뭐지?

선물들이 왜 이런 곳에…?

선물 상자 같은데?

그때, 누군가 '후유—' 하고 한숨 쉬는 소리가 들렸습니다.

바쁜 것 같은데, 길을 막고 있어서 미안하구나.

왜 여기서 이러고 계신 거예요?

이번 크리스마스에 착한 아이들에게 나눠 줄 선물을 실어 나르던 중이었는데 갑자기 뭔가가 번쩍하더니 이런 곳에 떨어졌지 뭐냐. 게다가 썰매가 쓰러져서 상자들이 다 쏟아졌단다.

이럴 수가! 우리가 계단을 내려가는 걸 막으려고 마녀가 산타클로스를 이곳으로 소환한 거야!

그럼 산타클로스가 방해꾼인 거야? 정말 너무해! 산타클로스까지 이런 일에 끌어들이다니!

잠깐만, 우리 이럴 때가 아니잖아! 바닷물이 오고 있다고!

그 말을 들은 산타클로스도 깜짝 놀라 소리쳤습니다.

선물, 선물을 지켜야 해!

 일단 마법사를 소환해서 선물 더미를 치우자!

그러자 산타클로스가 화들짝 놀라 외쳤어요.

 그건 안 돼! 선물을 다시 준비하기엔 시간이 너무 부족해!

한참을 고심하던 밍모가 좋은 생각이 떠오른 듯 말했어요.

 모두 힘을 합쳐 선물을 썰매에 싣자!

 바닷물이 곧 밀려올 텐데…. 그러기엔 시간이 너무 모자라!

하지만 밍모는 자신만만한 표정이었습니다.

 이런 일에 전문가가 있잖아.

밍모는 마지막 흰색 변신 카드 한 장을 꺼내 들고 외쳤습니다.

 택배기사로 변신!

후후, 상자를 쌓는 일은 나한텐 누워서 떡 먹기죠!

펑!

오, 택배기사!

무작정 쌓기만 하면 금세 무너져. 일단 제일 아래엔 크고 무거운 상자부터 쌓아 올리고…. 빈틈은 작은 상자들로 채우는 거야!

우아, 역시 전문가는 다르네!

자, 그럼 모두들 내가 시키는 대로 도와줄래?

택배기사 밍모의 지시에 따라 피니와 영희는 썰매에 상자들을 차곡차곡 쌓기 시작했습니다.

마치 퍼즐을 맞추는 기분인데?

응, 힘들긴 하지만 은근히 재미도 있어!

서두르지 않고 차분히 하나씩 쌓아 올리자, 의외로 시간이 오래 걸리지 않았습니다. '척―' 하고 맨 꼭대기에 마지막 상자를 올려놓은 뒤 밍모는 손을 툭툭 털며 싱긋 웃었습니다.

이걸로 크리스마스 선물 상자 쌓기 끝~!

지켜보던 산타클로스는 감격한 얼굴로 말했습니다.

고맙다! 정말 고마워! 나 혼자서는 한나절이 걸려도 못할 일을 순식간에 해냈어! 뭐라고 감사 인사를 해야 할지….

그때 옆에 있던 피니가 작은 소리로 소곤거렸습니다.

근데 이번 크리스마스에 어떤 선물을 받을지 궁금하지 않아?

헤헤, 게임기나 게임머니 같은 게 좋긴 한데….

그러자 산타클로스가 주머니에서 큼직한 노트 하나를 꺼내 펼쳤습니다.

흠, 원래 선물이 뭔지 미리 말해 주면 안 되지만, 날 도와줬으니 살짝 알려 줄까?

앗! 정말요? 제 이름은 밍모예요.

  산타클로스가 노트에 적어놓은 기록을 찾는 동안 밍모는 기대감으로 가슴이 두근거렸어요.

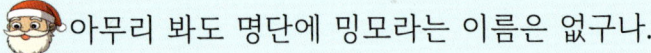

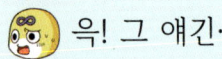

한참 동안 명단을 살펴보던 산타클로스는 당황하며 말했어요.

아무리 봐도 명단에 밍모라는 이름은 없구나.

윽! 그 얘긴…!

착한 아이가 아니라는 소리….

잔뜩 기대했다가 실망한 밍모는 어깨가 축 늘어졌습니다.

하긴 난 꿈도 없고, 특별히 잘한 게 없으니까….

  그러자 산타클로스가 주머니에 있던 작은 뿔 나팔 하나를 꺼내 밍모에게 건넸습니다.

이건 내가 주는 선물이다.

예? 전 명단에도 없는걸요….

척!

날 도와준 것도 착한 일이다. 이 뿔 나팔은 평범해 보이지만, 실은 신을 소환할 수 있는 물건이란다.

신을 소환한다고요?

그래, 원하는 신은 누구든 가능하지. 하지만 딱 한 번만 사용할 수 있단다. 앞으로 착한 일 많이 해서 내년엔 꼭 선물을 받으렴.

산타클로스는 마지막 말을 남긴 뒤, 썰매와 함께 '펑—' 하고 사라졌습니다. 이어서 밍모도 원래 모습으로 돌아왔지요.

방해꾼으로 나타나기 했지만, 산타클로스는 역시 좋은 분이었어.

맞아, 선물도 주시고 말이야.

또다시 '쏴아—' 하는 바닷물 소리가 들려오자, 퍼뜩 정신을 차린 일행은 서둘러 계단을 뛰어 내려가기 시작했습니다.

이제 거의 다 온 것 같은데?

그럼, 분명 방해꾼이…!

피니의 걱정대로 얼마 가지 않아 길을 가로막고 서 있는 마지막 방해꾼을 만났습니다.

케헤헤~ 어서 오너라!

팟!

마지막 방해꾼!

위험한 인물이야! 원래는 무엇이든 만들어 내는 뛰어난 과학자였는데, 자신의 능력을 인정받지 못하자 그때부터 이상한 걸 발명해서 사람들을 괴롭히기 시작했어!

그래? 아무리 이상하다 해도 악마나 몬스터도 아니고, 얼마든지 상대할 수 있어!

그렇게 자신할 게 아니야! 쓸 카드도 없잖아!

 아차! 그렇구나!

아까부터 피니를 눈여겨보던 과학자가 의아한 눈빛으로 말했어요.

 피니, 피니 맞지? 날 모르겠니? 흠, 기억이 지워진 건가?

 저게 무슨 소리야? 너에 대해 잘 아는 눈친데?

 나도 잘 모르겠어. 난 처음 보는 사람이야.

 섭섭하군. 한때 너와 둘도 없는 친구였는데….

 뭐…?

 넌 요정이지만, 뭔가 특별하지. 넌 특별한 줄 모르는 것

　　같았지만 말이야.

널 본 건 비지니스맨이란 자가 연구실로 날 찾아왔을 때였어.

그는 내게 연구를 하나 의뢰했어. 게임 세계로 사람들을 데려오고, 안내를 맡을 너와 같은 요정이 더 필요하다고 말이야. 첫눈에도 넌 뭔가 특별해 보였어. 난 호기심이 발동해서 네가 내 연구를 도와주는 조건으로 의뢰를 받아들였어.

일단 너를 관찰하기 위해 내 연구를 도와 달라고 설득했고, 여러 가지 검사를 통해 너에 대해 샅샅이 알아냈지.

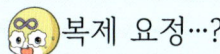 복제 요정…?

내가 봐도 정말 완벽한 결과물이었지. 케헤헤헤~ 오랜만에 본체를 보니 감격스럽기까지 하군. 넌 나에게 아주 특별한 존재니까. 네 자신도 모르는, 네 모든 것을 다 꿰뚫고 있다는 사실은 마치 내가 너의 창조주가 된 듯한 만족감을 주거든.

복제라니….

피니는 이 모든 것이 믿기지 않는다는 듯 멍하니 서 있었습니다. 그때, 영희가 뭔가 깨달은 듯 피니를 보며 말했어요.

이제 기억나! 내가 예전에 만난 피니는 다른 피니였던 거야!

아, 그래서 처음 봤을 때 너만 날 알아본 거구나?

그렇다면 지금 피니의 복제 요정은 피니가 나한테 했던 것처럼, 현실 세계에서 게임을 좋아하는 유저들에게 접근하고 있는 건가?

비지니스맨이 알고 있겠지. 그것보다 복제 요정이 여럿 있는 건 아니겠지?

자, 지나간 얘기는 이 정도로 하고….

다음 순간, 그는 '척—' 하고 커다란 바주카포를 꺼냈습니다.

헉! 그걸로 우릴 공격하려고…?

케헤헤, 그냥 공격만 하면 재미가 없겠지~?

그가 꺼내 보인 포탄은 '정의의 성'의 사람들이 갇혀 있는 둥그런 유리구슬이었습니다.

구슬에 맞으면 너희가 위험하고, 그렇다고 피해서 깨지면 구슬 안에 든 사람들이 곤란해질 거야. 어때? 뭘 선택할지 고민되지? 긴장되어 심장이 두근두근하지 않아?

나는 사람들이 곤경에 처하는 게 젤 재미있더라고. 그럼 시작해 볼까?

그는 구슬을 바주카포에 넣고 밍모 일행을 향해 조준했어요.

펑펑—

 모두 내 뒤로 물러서!

밍모는 등에 메고 있던 가방을 내려 연 다음, 이리저리 뛰어다니며
날아오는 구슬들을 받아 내기 시작했어요.

하나… 두울… 세엣! 됐다, 모두 무사히 받았어!

밍모는 가방 안에 든 구슬들을 조심스레 꺼내 놓았습니다. 구슬
안에 갇혀 있는 사람들은 또한 긴장감이 풀린 듯 숨을 몰아쉬었어요.

케헬헬, 이거 정말 재밌군. 과연 얼마나 더 받아 낼 수 있을지
볼까? 하나라도 실수하면 끝이야!

퍼퍼퍼펑—

과학자는 더 많은 구슬을 발사했습니다.

단 한 개도 놓치지 않을 테다!

휙휙휙휙—

이번에도 밍모는 이리저리 날아오는 구슬들을 하나도 빼놓지 않고 받아 냈습니다. 그러기를 몇 번 더….

마침내 밍모의 얼굴에 조금씩 지친 기색이 보이기 시작했습니다. 과학자는 밍모의 변화를 놓치지 않았지요.

조금만 더 밀어붙이면….

한데 그 순간, 과학자의 머릿속에 불길한 기억이 스쳤습니다.

잠깐! 피니가 그 능력을 사용한다면…!

한편 밍모를 도울 궁리를 하던 영희는 피니에게 속삭였어요.

> 피니야,
> 네게 특수 능력이
> 또 있진 않을까?

> 지금까지 사용한
> 기능 말고?

그래, 너도 알아차리지 못한 게 또 있을 것 같거든. 저 과학자도 그렇게 말했잖아. 너는 너의 특별함을 모른다고.

피니는 골똘히 생각에 잠겼어요.

 지금 고민하고 있을 때가 아니야. 일단 이것저것 눌러 보자.
그럼 뭐라도 튀어나오지 않겠어?

알았어!

피니는 결의에 찬 표정으로 자신의 이마를 여러 가지 방법으로
꾹꾹 눌러 보았습니다. 멀리서 그 모습을 지켜보던 과학자는
조바심이 났어요.

아니…
설마 그 능력을
발휘하는 건
아니겠지?

과학자는 서둘러 구슬을 발사하기 시작했습니다. 이번에도 밍모는 하나도 놓치지 않고 받아 냈어요. 그러나 얼마 안 가 땀이 줄줄 흐르고 다리가 후들후들 떨릴 정도로 지치고 말았지요.

밍모는 이마에 흐르는 땀을 스윽 닦으며 이를 꽉 깨물었습니다.

저 녀석…! 확실히 집중력이 대단하군! 자, 어디 한번 지쳐서 쓰러질 때까지 받아 봐라!

그리고 또다시 바주카포를 발사하려는 순간!—

'휘익—' 하고 뭔가가 과학자의 곁으로 번개처럼 날아왔습니다.

그건 바로 엄청나게 빠른 속도와 초강력 파워로 진화된 피니였어요.

어, 어떻게 된 거야?

놀라서 눈이 휘둥그레진 밍모 곁으로 영희가 다가왔습니다.

대단하지? 피니의 또 다른 특수 능력이 발휘된 거야.
지금부턴 피니에게 맡겨~.

피니는 눈 깜짝할 새에 과학자의 바주카포를 빼앗은 뒤 '퍽一'
하고 단번에 부숴 버렸습니다.

앞으로 이런 위험한 물건은 만들지 말라고~.

피니는 빠른 속도로 남은 구슬들도 멀리 옮겨 버렸어요. 다급해진 과학자가 소매를 걷어 붙이자, 감춰진 전기 충격기가 나타났습니다.

 흥, 아무렴 내가 무기를 하나만 준비했을까?

츠츠츠—

과학자가 피니를 향해 초강력 전기를 발사했지만, 그 정도로는 어림도 없었습니다. 바람처럼 빠르게 피한 피니는 순식간에 과학자에게 다가가 팔에 달린 무기를 제거해 버렸습니다.

이어서 허리띠와 다리, 구두에 숨겨 둔 비밀 무기까지 모두 빼앗아 파괴해 버렸어요.

 와! 굉장하다!

밍모와 영희는 피니의 활약을 넋 놓고

지켜볼 뿐이었습니다.

이제 완전히
각성한 건가…?
그렇다면 가망이
없겠군.

결국 피니에게 모든 무기를 빼앗긴 과학자는 절망한 표정으로 '펑—' 하고 사라졌습니다. 그가 사라지자, 피니 또한 원래 모습으로 돌아왔어요. 밍모는 활약을 펼친 피니에게 다가와 웃는 얼굴로 말을 건넸습니다.

정말 멋지다, 피니!

그러자 피니 역시 웃음으로 답했습니다.

응, 내가 정말 특별한 존재라는 게 실감이 나!

그러고 보니 거의 끝에 도착한 것 같은데?

맞아. 이젠 더 이상 우리를 가로막을 방해꾼도 없어!

그럼 마지막 힘을 내 볼까?

예상대로 내려가는 계단의 끝은 멀지 않았습니다. 밍모와 피니, 그리고 영희는 무사히 '정의의 성' 가장 밑바닥 아니, 사실은 가장 꼭대기에 도착했습니다.

성공! 드디어 도착했다!

그래, 우리가 이겼어!

그런데 마녀는 어디 있지?

대결에서 졌으니까 어딘가로 도망친 거 아닐까?

바로 그때, 숨어 있던 마녀가 모습을 드러냈습니다.

 맞아! 바닥까지 바닷물이 차기 전에 무한의 계단을
내려오면 우리가 이긴 거잖아!

그러자 마녀는 피식 하고 비웃음을 지었습니다.

이 성의 이름이 '거꾸로 성'이란 걸 잊지는 않았겠지?

무슨 소리야? 원래 이름은 '정의의 성'이잖아!

'정의의 성'이 거꾸로 뒤집혔으니 모든 건 반대! 따라서
여기선 정의가 지켜지지 않는다! 모든 약속도, 규칙도
거꾸로! 내가 그렇게 정했다!

뭐?

이어서 밍모 일행이 내려온 계단 쪽에서 '쏴아—' 하는 소리가
들려왔습니다.

앗! 이건 바닷물이 밀려 내려오는 소리…?

피할 틈도 없이 빠르게 바닷물이 쏟아져 내려오며 바닥부터 물이
차오르기 시작했습니다.

바닷물이 멈추지 않았어!

으아아~ 난 수영 잘 못한단 말이야!

순식간에 바닷물의 높이는 발목을 지나 무릎까지 올라왔습니다.

어떡해? 이제 변신 카드도, 소환 카드도 없는데….

촤아아아—

어느새 불어난 물에 밍모와 영희는 허우적거렸고, 피니는 자꾸만
가라앉으며 발버둥쳤어요.

산타클로스가 준 선물…!

그제야 밍모는 산타클로스가 준 뿔 나팔을 생각해냈습니다.

 아, 그래! 그게 있었지?

 어서…!

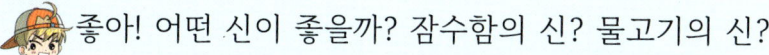 좋아! 어떤 신이 좋을까? 잠수함의 신? 물고기의 신?

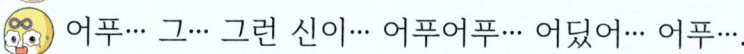 어푸… 그… 그런 신이… 어푸어푸… 어딨어… 어푸….

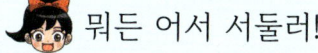 뭐든 어서 서둘러!

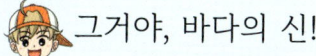 그거야, 바다의 신!

밍모는 가라앉지 않도록 애쓰며 간신히 뿔 나팔을 불었습니다.

뿌우우—

이어서 이렇게 외쳤습니다.

도와줘요!
바다의 신
포세이돈!

뿌우우-

포세이돈은 밍모를 내려다보며 근엄한 목소리로 말했습니다.

 뿔 나팔을 가진 자여! 날 부른 이유가 뭐지?

 이 성안의 바닷물이 모두 사라지게 해 주세요!

 훗, 그 정도는 나에겐 아무것도 아니지!

포세이돈은 두 팔을 번쩍 치켜들더니 큰 소리로 외쳤습니다.

 바다의 신이 명하노니! 바닷물은 이 성안에서 당장

　　　물러가도록 하라!

포세이돈의 명령이 떨어지자 '촤아아—' 하며 바닷물이 계단을
거꾸로 거슬러 올라가더니 순식간에 성 안의 모든 물이 감쪽같이
사라져 버렸습니다.

 와아! 바닷물이 완전히 사라졌다!

 이젠 살았어!

 다시는 이런 시시한 일로 나를 부르지 마라! 그럼 소원을

　　　들어줬으니 난 이만….

 자, 잠깐만요!

밍모의 다급한 외침에 돌아서려던 포세이돈이 멈칫했어요.

 아직 할 말이 남았는가?

 소원이 하나 더 있어요! 이건 좀 어려운 일일 수도 있는데….

밍모의 말에 포세이돈은 심기가 불편한 듯 눈썹을
꿈틀거렸습니다.

 신에게 불가능한 일이란 없다!

그래, 원하는 게 무엇인가? 첫 번째 소원처럼 시시하면
들어주지 않을 것이다!

포세이돈의 무시무시한 기세에 밍모는 마른침을 꿀꺽 삼켰습니다.

 이 성을 원래 모습대로 뒤집어서 바다 위에 띄워 주세요!

 신은 세상을 바꾸는 일에
관여하지 않는 게 원칙이다!

그럼에도 불구하고
너의 소원을 들어줘야
하는 이유가 뭐지?

포세이돈의 질문에 밍모는 자신 있게 대답했습니다.

 처음부터 이 성은 바다 위에 떠 있었어요! 거꾸로 뒤집힌
상태도 아니었고요! 그러니까 제 소원은 바꾸는 게 아니라,
원래대로 돌려놓는 거라고요!

그 말에 포세이돈은 일리가 있다는 듯 고개를 끄덕였습니다.

 그렇군. 잘못된 것을 원래대로 돌려놓는 일이라면 규칙에
어긋나지 않는다! 좋다! 두 번째 소원도 들어주마!

그러자 '드드드드—' 지진이 난 것처럼 성 전체에 진동이
일었습니다.

성이 뒤집히려는 거야! 원래대로 바닥이 천장이 되고,
천장이 바닥이 되는 거지!

맞아! 떨어지지 않게 어디든 꼭 붙잡아!

거꾸로 뒤집혀 있던 성은 '쿠쿠쿠—' 요란한 소리를 내며 천천히
180도 회전을 하더니 드디어 원래 모습을 되찾았습니다. 이어서
'좌아악—' 물을 가르며 바다 위로 불쑥 솟아올랐습니다.

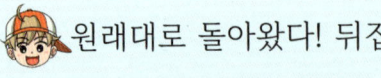원래대로 돌아왔다! 뒤집혔던 성이 제 모습을 되찾았어!

자, 이제부턴 너희가 해결하거라!

투명한 유리로 된 성이 물 밖으로 나오자 바깥의 환한 햇살이 반사되어 보석처럼 반짝였습니다.

포세이돈은 근엄한 표정으로 자신의 능력을 자랑하듯 으쓱대더니 이내 바닷속으로 사라졌습니다.

성은 본래 모습을 되찾았지만, 그렇다고 모든 문제가 완전히 해결된 건 아니었습니다.

이 성은 내 거야!

머리끝까지 화가 난 마녀가 들고 있던 지팡이를 휘젓자 다른 모습으로 바뀌기 시작했습니다.

응?

밍모 일행이 어리둥절한 표정으로 그 모습을 지켜보던 순간, 그들의 머릿속에 누군가의 음성이 들려왔습니다.

"내 목소리가 들리나요? 들린다면 모두 뒤돌아서요! 절대로 마녀의 진짜 모습을 똑바로 쳐다보면 안 돼요!"

어? 이 목소리는…?

 우물가에 있던…?

밍모 일행은 머릿속에 들려오는 목소리가 시키는 대로 몸을 '휙─' 돌렸습니다. 잠시 후 성문이 열리고 '다그닥 다그닥─' 하는 말발굽 소리와 함께 집사가 모는 마차가 나타났습니다.

 신데렐라…?

마차에서 내린 신데렐라는 밍모 일행을 향해 미소를 짓더니 갑자기 온몸에서 눈이 부실 정도의 광채를 뿜어냈습니다.

 윽, 빛이…?!

빛이 사라지자 눈앞에 보이는 건 수호천사였어요!

이제 내 정체를 말할 때가 됐군요. 난 이곳 '정의의 성'을 지키던 수호천사랍니다. 하지만 '디디'의 부하에게 모든 걸 빼앗기고 신데렐라의 모습으로 성에서 쫓겨난 상태였죠. 그런데 여러분이 이 성을 원래대로 되돌려 놓은 덕분에 다시 돌아오게 된 거랍니다.

근데 왜 마녀의 모습을 똑바로 쳐다보지 말라는 거죠?

밍모의 질문에 수호천사가 답하려는 순간 뒤쪽에서 누군가의 목소리가 들려왔습니다.

거짓말이야. 수호천사가 너희들을 속이는 거라고. 그러니까 겁먹지 말고 뒤돌아서 날 보렴, 어서…!

누구 말을 믿어야 하는 거지?

그러자 그러자 수호천사가 굳은 표정으로 말했어요.

지금 여러분의 뒤에 있는 건 마녀가 아니라 메두사입니다. 그게 진짜 정체죠.

메두사?

얼굴을 똑바로 쳐다보면 돌이 되어 굳어진다는 괴물?

후유, 큰일 날 뻔했어.

밍모 일행은 안도의 숨을 내쉬었습니다.

유혹이 통하지 않자 메두사는 곧바로 본색을 드러냈습니다.
그러자 수호천사가 반짝거리는 큼직한 거울 하나를 꺼내 밍모에게
건네주며 말했습니다.

이제부터 내 말대로 하세요. 아무리 궁금해도 눈을 꾹 감고
뒤돌아서 이 거울을 메두사에게 보여 주세요.

밍모는 잔뜩 긴장한 손으로 수호천사로부터 거울을 건네받았습니다.
그러고는 눈을 감은 채 거울을 손에 들고 천천히 뒤돌아섰습니다.

무, 무슨 짓을 하려는 거야! 그거 치워! 넌 지금 거짓말에
속고 있는 거야! 눈을 뜨고 날 봐!

하지만 밍모는 메두사의 유혹에도, 간절한 애원에도 넘어가지
않았습니다.

> 무, 무슨 짓이야?
> 저리 치워!

> 절대
> 눈을 뜨면 안 돼!
> 아무리 궁금해도
> 쳐다보면 안 돼!

저벅

저벅

유리로 된 성에 환한 햇빛이 들어와 거울이 반짝였고, 그 거울에
메두사의 얼굴이 비쳤습니다. 거울을 통해 자신의 모습을 본
메두사는 비명을 질렀습니다.

 꺄아악! 안 돼ㅡ!

됐어요. 정말 잘했어요. 날 믿어 줘서 고마워요. 이젠

뒤돌아봐도 돼요. 대신 메두사 모습에 너무 놀라지 말고요.

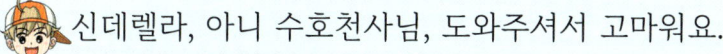

그리고 잠시 후….

메두사가 사라지자 사람들도 유리구슬에서 풀려났어요.

신데렐라, 아니 수호천사님, 도와주셔서 고마워요.

고마워요. '정의의 성'을 원래 모습대로 되찾아 주어서.

피니가 밍모의 옆구리를 쿡 찔렀습니다.

밍모, 그거 물어봐야지.

아 참, 세 번째 보물! 저, 우리가 이 성에 온 목적은 세 번째

보물을 찾기 위해서예요.

내가 부탁했던 것, 기억하나요?

 아, 유리 구두 한 짝!

밍모는 가방에 넣어 두었던 유리 구두 한 짝을 꺼냈습니다. 이번에도 구두에서 환한 빛이 뿜어져 나와 어딘가를 비추었습니다. 밍모가 빛이 가리키는 방향을 따라 걷자 피니와 영희도 뒤를 따랐어요.

그 길 끝에는 대리석으로 만든 커다란 탁자가 놓여 있었고, 그 위에는 나머지 유리 구두 한 짝이 빛나고 있었습니다. 밍모는 가지고 있던 구두 한 짝을 그 옆에 조심히 올려놓았어요. 그러자 드디어 짝을 찾은 유리 구두 한 켤레가 저절로 신비한 빛을 뿜더니 '스르릉—' 하고 탁자가 반으로 갈라지기 시작했습니다. 마침내 열린 공간에는 평범한 손전등 하나가 놓여 있었습니다.

 이, 이게 세 번째 보물?

밍모는 조심스레 손전등을 집어 들며 이렇게 말했습니다.

지금까지 얻은 보물은 모두 평범해 보이는 것들 뿐이었어.

하지만 보물이란 누가 어떻게 사용하느냐가 중요하니까….

어느새 곁으로 다가온 수호천사가 말했습니다.

'정의'도 그래요. '정의'라는 이름으로 좋은 일을 할 수도,

나쁜 일을 할 수도 있죠. 그러나 진정한 정의는 하나랍니다.

밍모 일행은 수호천사의 말이 무슨 뜻인지 조금은 알 것 같았어요.

이제 밍모는 게임 세계와 인간 세계, 모두를 파괴하려는 '디디'에

맞서기 위한 세 개의 보물을 모두 찾았습니다. '상상의 성'의 마법의

연필, '의지의 성'의 돌멩이, 그리고 '정의의 성'의 손전등까지….

밍모는 마치 새로운 힘이 솟구치는 것 같았어요.

좋았어! 이제 '디디'라는 녀석을 만나러 가 볼까?

그래, 붙잡혀 있는 비지니스맨도 구하고!

어쩐지 '디디'를 만나면 잃어버린 나머지 기억도 되찾을 수

있을 것 같아!

가자! 우리
손으로 세상을
구하는 거야!

밍모의 직업 소환 Ⅲ

❶ 물류관리사

어떤 일을 하나요?

작게는 택배, 크게는 화물 등의 물류에 대한 지식을 바탕으로 수송, 보관, 짐을 싣고 내리는 하역, 포장 등의 관리와 시스템, 체계를 연구하고 설계해요.

어울리는 직업

물류정보관리사 기업의 자재와 상품 등을 관리해요. 자재 구입과 관리, 수요 예측, 보관과 수출 등 다양한 업무를 하지요.

유통관리사 상품이 생산자에게서 소비자에게 도달하기까지의 과정을 관리해요. 소비 동향 파악과 마케팅 방법, 상품 관리까지 하지요.

직업 성격 유형 현실형(R)

구체적이고 체계적이며 직접 부딪혀 문제를 해결하는 유형

성실함	체력
질서정연	원칙주의
성취감	끈기
손재능	신중함

나에게 맞는 직업일까?

☑ 나와 가까운 항목을 체크해 보아요.

- [ ] 꼼꼼하다는 말을 자주 들어요.
- [ ] 계획을 세우고 실천하길 좋아해요.
- [ ] 새 제품에 대해 분석하는 걸 좋아해요.
- [ ] 끈기와 인내심이 강한 편이에요.
- [ ] 질서정연한 것을 좋아해요.
- [ ] 시간을 효율적으로 관리하고자 해요.

4개 이상이면 **현실형 직업**과 가까워져요.

❷ 로봇연구원

어떤 일을 하나요?

산업과 의료, 실생활에 이용될 수 있는 로봇을 연구하고 개발해요. 로봇이 사용되는 공장의 생산 설비나 기계 장치 등의 자동화 기술을 연구하고 자문하기도 합니다.

어울리는 직업

로봇공학기술자 목적에 맞춰 로봇을 설계, 제작하고 시험 평가하여 로봇을 개발합니다. 꾸준히 최신 기술을 파악하여 이를 반영하지요.

로봇윤리학자 사람과 로봇이 함께할 때 생기는 문제를 연구해요. 로봇의 행동 패턴과 사람이 이들을 어떻게 다룰지를 고민해요.

직업 성격 유형 탐구형(I)

지적, 논리적이고 호기심이 많고 독립적인 유형

지적 호기심	신중함
분석적	집중력
독립적	인내심
꼼꼼함	자기 성찰 능력

나에게 맞는 직업일까?

✓ 나와 가까운 항목을 체크해 보아요.

- [ ] 내가 무엇을 잘하는지 알고 있어요.
- [ ] 수학 · 과학 과목에 흥미를 느껴요.
- [ ] 계획을 세워 실천할 수 있어요.
- [ ] 실패하더라도 극복할 자신이 있어요.
- [ ] 깊게 생각하는 것을 즐겨요.
- [ ] 어려운 것을 해결하는 데 성취감을 느껴요.

4개 이상이면 **탐구형 직업**과 가까워져요.

밍모의 직업 소환 Ⅲ

❸ 인공지능전문가

어떤 일을 하나요?

컴퓨터나 로봇 등이 사람처럼 스스로 생각하는 기술인 인공지능을 게임, 재생 에너지,
검색 엔진, 빅 데이터, 영상 및 음성 인식 등 다양한 분야에 접목시키는 일을 해요.

어울리는 직업

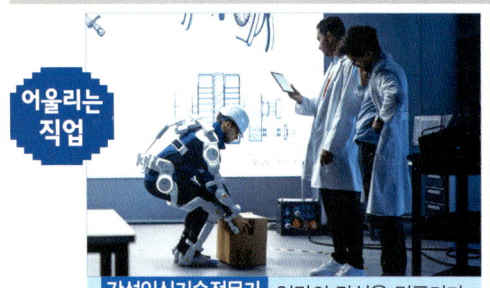

감성인식기술전문가 인간의 감성을 컴퓨터가 인식할 수 있도록 IT 제품 및 몸에 착용할 수 있는 기기 등을 통한 센서 기술을 개발해요.

머신러닝엔지니어 컴퓨터, AI와 같은 기계가 경험을 기반으로 학습하여 스스로 성능을 향상시킬 수 있는 시스템을 만들고 개발해요.

직업 성격 유형 　탐구형(Ⅰ)

지적, 논리적이며
호기심이 많고 독립적인 유형

지적 호기심	신중함
분석적	집중력
독립적	인내심
꼼꼼함	자기 성찰 능력

나에게 맞는 직업일까?

☑ 나와 가까운 항목을 체크해 보아요.

- [ ] 내가 무엇을 잘하는지 알고 있어요.
- [ ] 논리와 지식을 기반으로 생각해요.
- [ ] 계획을 세워 실천할 수 있어요.
- [ ] 실패하더라도 극복할 자신이 있어요.
- [ ] 새로운 것을 배우는 게 즐거워요.
- [ ] 복잡한 문제 해결에 성취감을 느껴요.

4개 이상이면 **탐구형 직업**과 가까워져요.

❹ 국가직경호관

어떤 일을 하나요?

대통령 및 국가 주요 인사의 신변 보호와 경비, 테러 예방 및 대응, 국제 행사 경호 등 나라의 중요한 인물이나 시설을 보호하는 역할을 합니다.

어울리는 직업

민간경호원 개인을 외부의 위협으로부터 안전하게 보호해요. 박람회나 콘서트 등에서는 질서 유지와 테러 방지 등 안전을 살펴요.

청원경찰 공공기관이나 사업체 등의 시설 및 재산을 보호해요. 도난, 폭력과 같은 위험을 막기 위해 경계하고 순찰을 하기도 해요.

직업 성격 유형 현실형(R)

구체적이고 체계적이며 직접 부딪혀 문제를 해결하는 유형

성실함	체력
질서정연	원칙주의
관찰력	끈기
기억력	신중함

나에게 맞는 직업일까?

☑ 나와 가까운 항목을 체크해 보아요.

- [ ] 관찰력이 뛰어나요.
- [ ] 계획을 세우고 실천하길 좋아해요.
- [ ] 직접 배우고 경험하는 것이 좋아요.
- [ ] 끈기와 인내심이 강한 편이에요.
- [ ] 질서정연한 것을 좋아해요.
- [ ] 다양한 도구 사용에 관심이 많아요.

4개 이상이면 **현실형 직업**과 가까워져요.

직업 소환 미션 성공!

에필로그

나에겐
꿈이 있습니다!

털썩

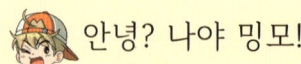 안녕? 나야 밍모!

여기는 내 방이야. 게임 세계에서 돌아온 후 난 다시 재미있게 보내고 있어. 게임 세계에서 꽤 오래 있었던 것 같은데 돌아와 보니, 내가 떠났던 그 날이었던 것이 신기하더라. 지금은 뭐 하는 중이냐고? 내가 제일 좋아하는 걸 하고 있지.

그건 바로 내 방에서 게임하기!

하하하! 역시 게임을 즐겁다니까~! 물론 '그 일' 이후 나도 약간은 변한 게 있어. 아, 그 후 어떻게 됐는지 궁금하다고? 지금부터 간단히 얘기해 줄게.

그러니까 마지막 세 번째 보물을 구하고 난 다음에, 막상 '디디'를 만나러 가려니 우린 그 녀석이 어디 있는지 모르잖아?

 그때 하늘에서 시커먼 까마귀 한 마리가 나타나 자기를 따라오라더군. '디디'도 우릴 기다리고 있다면서. 우린 수호천사가 준 마차를 타고 까마귀를 따라갔어. 얼마 지나 마차에서 내렸는데, 거기가 바로 게임 세계를 지배하는 회장님이 계신 곳, 바로 '인피니티 타워'였지 뭐야?

 알고 보니 이미 한참 전에 '디디'가 '인피니티 타워'를 점령한 상태였고, 그래서 회장님은 그 탑의 가장 높은 꼭대기에 숨어 있다는 거야. 그러니까 회장님이 자신을 구하기 위해 나를 게임 세계로 불러들인 거였지.

 어쨌든 그래서 우리가 '디디'를 만나러 가려는데 온갖 몬스터들이 나타나 방해를 하더군. 아니, 만나고 싶으니 따라오라고 해놓고 공격을 하는 게 어딨어?

 미라, 골렘, 유령과 외계 로봇까지 별의별 녀석들이 다 나타났는데 정말 엄청났어. 더욱이 우릴 안내한 까마귀는 거대한 용으로 변해서 불을 뿜으며 공격하지 뭐야? 우린 앞으로 나가지도, 물러설 수도 없는 위기에 몰려 있었어.

그때, 세 개의 성을 지키는 수호자들 '용 사냥꾼'과 '장군',
그리고 '수호천사'가 나타난 거야. 그들이 몬스터들을
무찌르며 우리에게 길을 열어 줬어.

그렇게 '인피니티 타워'로 들어갔는데, 거기서 또 세 번의 '무한의 계단'을 올라야 한다는 거야. 첫 번째는 '계단이 없는 계단'이었는데 그거야 간단히 통과했지.

어떻게 했냐고? 그야 마법의 연필로 쓱싹 계단을 그렸지.

두 번째는 '함정이 숨어 있는 계단'이었어. 잘못 밟으면 낭떠러지로 떨어지는 무시무시한 계단이었는데, 보물 돌멩이를 던지자 아주 단단한 돌계단이 나타나더라고.

세 번째는 '어둠 속의 투명 계단'이었어. 캄캄한 공간에 투명 계단이라니 말이 돼? 이때, 보물 손전등이 도움이 됐어.

마침내 우린 '디디'가 있는 공간에 도착했지. 묶여 있던 비지니스맨은 피니가 투명해지는 능력으로 구해 냈고.

도, 도망치자!

비지니스맨이 풀려나자,
디디 뒤에 숨어 있던
'복제 피니'가 마침내 모습을 드러냈어.
그 순간, 영희는 단번에 그 정체를 알아챘지. 복제 피니는
마왕의 조종을 받고 있었던 거야! 하지만 영희의 진심 어린
설득 덕분에 복제 피니는 정신을 차렸고, 그 몸속에서
빠져나온 마왕은 어디론가 사라져 버렸어.

그리고 마침내 '디디'의 정체도 밝혀졌어. 사실 처음부터
게임 세계에 초대된 사람은 영희였고, '디디'는 영희가 직접
만든 가상 캐릭터, 즉 '아바타'였던 거야.
그런데 마왕이 복제 피니의 몸속에 숨어들어 '디디'를 나쁜
길로 유혹했던 거지. 디디를 이용해 영희를 인형소녀로
만들고, 회장님을 가둔 뒤 게임 세계의 지배자가 되려 했던
거야…. 그러니까 이 모든 건 마왕이 꾸민 거였어.

결국 자신이 누구인지 깨달은 디디는 원래의 '가상 아바타'
모습으로 돌아갔어. 회장님은 어떻게 됐냐고?

드디어 회장님을 구하기 위해 인피니티 타워 꼭대기에
도착했을 땐… '꿈의 거울'만 덩그러니 놓여 있었어.

기억나지? 인피니티 타워 꼭대기에 오르면
자신의 미래를 볼 수 있다고 했던 거!
난 두근두근 설레는 마음으로 거울 앞으로 다가갔어.

그런데… 이게 뭐야? 가까이 가 보니 거울 속엔 아무것도
비치지 않는 거야. 당황해서 한참을 바라보는데… 그때
누군가 걸어오더라. 그리고 거울의 반대편에 서서 나를
똑바로 보는 거야.

처음엔 어리둥절했지만… 곧 깨달았지.
거울 속 그 사람은 바로, 미래의 나였어. 그가 말했지.

 어떤 걸 선택했냐고? 당연히 집으로 돌아가는 걸 선택했지!
왜냐고? 하하~ 난 게임 천재 밍모니까! 게임 세계의 일인자가
되는 건, 마음만 먹으면 언제든 될 수 있잖아?

 그리고 생각해 봐. 내 방의 푹신한 침대, 내 컴퓨터와 게임기,
소중한 친구들, 그리고 사랑하는 엄마, 아빠… 그 모든 걸
어떻게 포기하겠어?

하지만 그때, 미래의 나는 사라지기 전에 이렇게 말했어.
"어쩌면 내가 사라지면, '인피니티 타워'와 함께 게임
세계까지 붕괴될지도 모르겠군."
그래서 '디디'를 추천했어. 그 녀석이라면 분명, 나 대신 이
세계를 지켜낼 수 있을 테니까.

그렇게 해서 난 집으로 돌아왔어. 이젠 오래 전의 일처럼
기억도 가물가물하고, 가끔은 내가 꿈을 꾼 건 아닐까 생각될
때도 있어.

하지만 절대 꿈이 아닌 걸 알아! 내 옆에 있는 피니가 그 증거니까. 나도 솔직히 어떻게 된 건진 모르겠어. 처음엔 사람들이 이상하게 보지 않을까 걱정했는데… 의외로 별로 신경을 안 쓰더라고.

아, 맞다! 영희와도 가끔 연락해. 요즘은 자신만의 새로운 게임 캐릭터를 그리느라 엄청 바쁘대!

나한테도 꿈이 생겼냐고?

흠… 나도 꿈이 생겼어. 그게 뭔지는… 비밀! 대신 너희에게 한 가지 말해 주고 싶어. 누군가가 너희에게 같은 질문을 한다면, 마음속으로 이렇게 외쳐 봐ー!

과연 밍모의 선택은…?

1판 1쇄 인쇄 | 2025년 10월 20일

1판 1쇄 발행 | 2025년 10월 29일

글 유경원

그림 최진규

발행인 심정섭

편집인 문영

편집 담당 이은정, 이영

제작 담당 이수행, 정승헌

출판마케팅 담당 홍성현, 신재철

디자인 이명헌

인쇄처 에스엠그린

발행처 서울문화사

등록일 1988년 2월 16일

등록번호 제2-484

전화 02-799-9147(편집) 02-791-0708(판매)

주소 04376 서울특별시 용산구 새창로 221-19

ISBN 979-11-7371-754-3, 979-11-6923-923-3(세트)

전 독자 특별선물 게임 스킨 사용 방법

❶ 스킨 쿠폰 등록 방법

1 타이틀 화면에서
[나사 그림 버튼]을
누르세요.

2 SETTING 창에서
[쿠폰 버튼]을
누르세요.

3 아래에 나오는
창에 띠지 뒷면의
8자를 입력하세요.

❷ 스킨 사용 방법

1 타이틀 화면에서
캐릭터 버튼을
누르세요.

2 캐릭터 선택창에서
책 모양 버튼을
누르세요.

3 밍모 캐릭터를
선택하세요.

4 미래소년 밍모 스킨을
선택하세요.

INFINITE STAIRS © Neptune

*게임 쿠폰은 무한의 계단 게임 앱을 최신 버전으로
업데이트한 후 다운 받으세요.
*아이폰의 쿠폰 사용 방법은 무한의 계단 공식 카페
https://cafe.naver.com/nfly에서 확인해 주세요.
©밍모 ©SANDBOX NETWORK.